패스트 러너

한 그루의 나무가 모여 푸른 숲을 이루듯이
청림의 책들은 삶을 풍요롭게 합니다.

변화에 강한 사람들은 어떻게 살아남는가

패스트 러너

한상만 지음

프롤로그

미래의 일자리를 걱정하는
당신을 위한 해결책

최근 직장인의 걱정과 근심이 더욱 커졌다. 과거보다 수명은 늘었는데 퇴직 시기는 빨라졌고, 창업하면 5년 안에 10곳 중 6곳이 폐업한다.[1] 희망을 품고 투자한 주식과 부동산도 믿을 수 없고, 앞으로 인공지능과 로봇에 일자리를 내줄지도 몰라 불안하다. 게다가 높아진 물가와 대출이자까지 생각하면 가슴이 답답해진다.

그래서 지친 마음을 위로해주는 힐링을 찾고, 직장 생활에 매몰되지 않도록 자신을 보호하며 일하는 사람들이 늘고 있다. 과도하게 직장에 헌신하는 대신 정해진 업무 범위 안에서 에너지를 분배하고 자기 시간을 확보하려는 태도다. 불확실한 시대에 자신을 지키려는 선택이다. 하지만 힐링이나 에너지 조절이 궁극적 해결책이 되기는 어렵다. 힐링 여행을 다녀와도 고된 직장 생활이 다시 기다리고 있고, 일을 줄이면 소득이 줄어들 수 있다. 이렇게 답답할 때 로또에 당첨되거나 투자에서 대박이 난다면 얼마나 좋을까?

투자의 귀재 워런 버핏Warren Buffett이 주주총회에서 "인플레이션 시대에 가장 좋은 투자법은 무엇입니까?"라는 질문을 받았다. 모든 사람이 집중하던 그 순간 버핏은 "가장 좋은 투자는 당신 자신을 계발하는 것입니다"라고 말했다. 게다가 "자기 계발에는 세금도 붙지 않습니다"라며 장점을 덧붙였다. 벤저민 프랭클린Benjamin Franklin도 "지식에 대한 투자는 최고의 수익으로 이어진다"라고 말했다.

우리나라에도 자기 계발을 실천하는 직장인이 많다. 교육부에서 발간한 《2023 평생교육백서》에 따르면 평생학습에 참여하는 직장인은 10명 중 3명으로 32.3퍼센트에 이른다.[2] 고용 환경이 안정적이던 과거와 달리 경력을 스스로 책임져야 하는 시대를 살아가는 직장인들은 걱정과 근심을 해소할 방법으로 '자기 계발'을 선택했다. 실력을 키워 자신의 가치를 높이겠다는 전략이다.

해본 사람은 알지만, 바쁜 일상에서 시간을 쪼개어 공부하는 일은 절대 쉽지 않다. "편하게 살지, 뭐 그렇게 힘들게 사냐?"라는 주변 시선에 괜찮은 척하지만 속으로는 흔들리는 마음을 꽉 붙잡고, 쉬거나 즐기고 싶은 마음을 접어둔 채 더 나은 내일을 위해 공부하는 당신에게 존경의 박수를 보낸다. 마음먹고 시작했으니 효과가 크면 좋겠다. 당신의 열정과 노력이 성장으로 이어지길 응원한다.

'지금 공부하는 내용이 나중에 쓸모없어지면 어떡하지?', '내 일자리를 인공지능이나 로봇이 대체하는 것은 아닐까?' 자기 계발을 위해 공부하다 보면 불현듯 떠오르는 질문들이다. 공부하면서도 마음 한편이 불안하다. 세상이 변하는 속도를 개인이 따라가기 버겁다. 우리는 지금 인공지능이 단순한 기술을 넘어 인간의 동반자로 자리 잡는 전환점을 통과하고 있다. 음성인식과 이미지 생성은 기본이고, 사용자의 감정과 맥락도 파악하여 상황에 맞춰 조언한다. 전문가들은 현재보다 뛰어난 인공지능은 물론 양자컴퓨팅과 뇌-컴퓨터 인터페이스 등 인류가 경험하지 못한 기술들이 계속 등장할 것이라고 전망한다. 현재의 변화에 적응하기도 버거운 직장인들은 미래 변화에 대응할 여력이 없다. 또한 점점 나이가 들면 처음 접하는 새로운 환경에 적응할 자신감도 떨어진다.

이럴 때 인공지능을 포함하여 앞으로 다가올 어떠한 변화에도 당황하지 않고 대응할 수 있는 근본적 능력이 있다면 얼마나 좋을까? 다행스럽게도 우리에게는 그런 능력이 있다. 바로 '학습민첩성 Learning Agility'이다. 학습민첩성이 높으면 업무 성과가 높고, 승진을 빨리하며, 미래의 리더와 전문가로 성장할 가능성이 크다는 사실은 이미 많은 연구를 통해 입증되었다.[3] 학습민첩성을 갖춘 사람은 생각보다 적으나, 연습을 통해 향상할 수 있다는 사실도 밝혀졌다. 결국, 미래 생존과 성장의 열쇠라고 할 수 있는 학습민첩성을 효과적으로 학습한다면 나만의 무기로 만들 수 있다.

이 책은 더 나은 미래를 준비하는 당신을 위한 책이다. 바쁜 직장 생활 중에도 시간을 쪼개어 실력 향상에 투자하는 당신에게 정신 승리가 아닌 실질적인 도움이 될 것이다. 특히 성장을 원하는 3040세대 직장인에게 도움이 되기를 바란다. 내 주위에는 디지털 리터러시와 글로벌 감각이 뛰어나고, 삶을 즐기는 동시에 직장에서 성공적인 커리어를 추구하는 3040세대 후배가 많다. 이들은 다양한 문제를 해결하면서 돈으로 살 수 없을 정도로 소중한 자산인 경험을 풍부하게 쌓았다. 이처럼 젊은 에너지와 풍부한 경험이라는, 성장하는 데 충분한 자원을 확보했다면 이제 성장하는 방법만 익히면 된다. 자신의 현재 상태를 점검하기 위해 아래 질문에 답해보자.

- 나는 급변하는 환경을 빠르게 이해하는가?
- 나는 평소 경험에서 무엇을 배우는가?
- 경험에서 배운 내용을 삶에 적용하는가?

나는 30대 초반까지 이런 질문을 해본 적이 없다. 당시에는 그럭저럭 직장을 다녔는데, 결혼하고 아이가 태어나자 마음가짐이 조금 달라졌고 책임감이 생겼다. 이전에는 관심이 적었던 나의 경력을 고민하기 시작했다. 책도 찾아보고 콘퍼런스에도 참여하면서 선배와 전문가들의 의견을 들었다. 그 결과 변화하는 세상에서 나만의 전문성을 키워야겠다고 생각했고, '인재 개발 전문가가 되겠다'라는 결심으로 공부를 시작했다. 직장을 다니면서 관련 분야 자격증을 취득하고 대학원에 입학했다.

'어떻게 하면 전문가로 성장할 수 있을까?' 대학원에서도 머릿속을 떠나지 않은 질문이었다. 학위 취득이 아니라 나의 고민을 해결하기 위한 논문을 쓰고 싶었다. 그래서 박사 학위 논문 주제를 '경험학습을 통한 전문성 발달 과정'으로 정했다. 당시에는 학습민첩성이라는 개념을 몰랐지만, 돌이켜보니 학습민첩성의 핵심인 경험학습을 공부한 것이 행운이었다. 이후에도 직장인이 성장하는 방법을 강의하고 코칭하며, 다양한 분야에서 성장하는 직장인들을 만났고, 그들의 성장 비결을 분석한 결과를 이 책에 담았다.

이 책은 크게 세 부분으로 구성된다. 1장에서는 불확실한 시대에 학습민첩성이 중요한 이유와 학습민첩성의 주요 내용을 설명한다. 2~6장에서는 학습민첩성을 효과적으로 높이는 다섯 가지

스킬을 소개한다. 학습민첩성이 높은 사람의 특징인 자기 인식, 성장 의지, 열린 사고, 경험학습, 변화 도전에 대한 이야기를 담았다. 7장에서는 학습 내용을 삶에 꾸준히 적용할 수 있는 습관 전략을 소개한다. 이론으로는 알고 있어도 행동하지 않는다면 아무런 효과를 거두지 못하기 때문이다.

불확실한 시대를 살아가는 우리에게 가장 확실한 투자처는 바로 자신의 실력이며, 특히 학습민첩성은 실력과 직결된다. 학습민첩성에 투자하면 안정적인 경제활동과 성장이라는 수익이 돌아올 것이다. 천천히 이 책을 읽으며 성장 목표와 실행 전략을 수립하고 점검하면 학습민첩성이 높은 인재로 성장할 수 있다. 성장으로의 여정을 떠날 준비가 되었는가? 그럼 힘차게 출발해보자.

차례

프롤로그 미래의 일자리를 걱정하는 당신을 위한 해결책　　　　004

1장　왜 학습민첩성이 필요한가

: 불확실성의 시대를 대비하는 핵심 전략

위기 상황에서도 기회를 찾아야 하는 이유　　　　016
빠르고 유연하게, 변화에 대응하는 능력　　　　022
생존과 성장의 열쇠, 학습민첩성　　　　028

2장　나는 어떤 사람인가

: 자신의 역량을 발견하기 위한 '자기 인식'

자신에 대해 질문하는 시간을 가져라　　　　038
자신을 객관적으로 평가하고 있는가　　　　046
나는 무엇에 끌리는가　　　　054
내가 선호하는 성향은 무엇인가　　　　065
강점을 발견하고 강화하라　　　　073

3장 성장의 가능성을 찾을 수 있는가

: 끝까지 해내는 힘을 키우기 위한 '성장 의지'

안주할 것인가, 성장할 것인가   082
경력 관리에도 전략이 필요하다   089
뛰어난 실력자는 문제를 빨리 해결한다   097
롤 모델에 대한 관점을 바꿔라   104
AI를 성장의 도구로 적극 활용하라   111

4장 창의적으로 문제를 해결할 수 있는가

: 어려운 상황을 극복하기 위한 '열린 사고'

쓸모없는 지식은 버리고 새로운 지식을 채워라   120
변화를 만들고 싶다면 질문부터 던져라   127
눈에 보이지 않는 문제까지 입체적으로 사고하라   134
다양한 의견에 귀를 기울여라   140
새로운 아이디어는 어떻게 탄생하는가   146

5장 경험을 통해 성찰할 수 있는가

: 작은 일상에서도 배울 점을 찾는 '경험학습'

카이로스의 순간을 놓치지 마라	**154**
작은 경험이 큰 성장으로 이어진다	**161**
성찰하는 태도가 곧 경쟁력이다	**168**
실수를 숨기지 말고 드러내라	**176**
피드백은 성장을 돕는 보약이다	**183**

6장 나의 가치를 높일 수 있는가

: 두려움과 안락함을 이기는 '변화 도전'

나는 무엇을 하고 싶은가	**192**
안락지대의 편안함에서 벗어나라	**199**
도전을 즐겨라	**205**
미래의 리더는 어떤 사람을 선호하는가	**213**
적극적으로 자신을 세상에 알려라	**220**

7장 학습민첩성이 습관이 될 때

: 일상에서 지속할 수 있는 실천법

탑건 훈련의 비밀	228
몰입이 차이를 만든다	235
아는 것도 실천해야 의미가 있다	242
크게 생각하고 작게 시작하라	248
나만의 성장 로드맵	256

에필로그 기회는 준비하는 사람에게 먼저 찾아온다   262

주   265

1장

왜 학습민첩성이 필요한가

: 불확실성의 시대를 대비하는 핵심 전략

위기 상황에서도
기회를 찾아야 하는 이유

뷰카 시대의 현실적인 문제

우리는 뷰카VUCA 시대에 살고 있다. 뷰카는 변동적이고volatility, 불확실하고uncertainty, 복잡하고complexity, 모호한ambiguity 사회경제적 환경을 가리키는 말이다. 이 용어는 1987년 미국과 소련 중심의 냉전 시대가 끝나가면서 불확실하고 복잡해진 세계정세를 설명하기 위해 미국육군참모대학U.S. Army War College에서 처음 소개했다.[1] 처음에는 군사 용어로 사용되다가 2008년 글로벌 금융 위기 후 급속히 변동하며 불안정한 환경을 설명하는 데 많이 사용되었다.

최근 뷰카의 의미는 10년 전과 조금 달라졌다. 예전에는 '이런 단어가 있구나' 하고 머리로 이해했다면, 요즘은 '아! 정말 뷰카시대가 왔구나'라며 가슴으로 느끼게 되었다. 우리는 코로나19 사태로 인해 그전까지 경험하지 못한 세계를 접했다. 많은 조직과 학교가 원격 근무와 온라인 교육을 도입했고, 사회적 거리 두기로 다른 사람들과의 만남이 줄었다. 사람들은 이전보다 오래 집에 머물며 더 많은 영상은 물론 온라인 쇼핑과 배달 서비스를 이용했다.

이제 코로나19 사태는 지나갔지만 세상은 이전과는 달라졌다. 며칠 전 나는 한 기관과 온라인 회의를 했는데, 코로나19 이전이라면 대면 회의를 했을 것이다. 코로나19가 심각했을 때 온라인 회의가 효율적이고 편리하다는 사실을 경험했기에, 대면 회의가 가능한 지금도 온라인으로 회의하는 것이다. 이처럼 거대한 변화는 우리 삶에 흔적을 남긴다.

그리고 코로나19의 긴 터널을 빠져나올 무렵 또 다른 친구가 나타났다. 바로 2022년 11월에 출시된 챗GPT다. 이처럼 폭발적인 반응을 일으킨 기술은 지금까지 없었다. 1억 명의 사용자를 확보하는 데 걸린 시간이 넷플릭스가 3,000일, 페이스북이 2,000일이었는데, 챗GPT는 단 50일 만에 같은 성과를 달성했다. 사실 챗GPT 이전까지는 많은 사람이 인공지능에 큰 관심이 없었다. 공상과학 영화에 등장하는 인공지능이 당장 실현되지는 않을 것 같왔기 때문이다. 2016년 알파고와 이세돌의 바둑 대결을 보면서 놀라긴 했지만, 바둑만 잘 두는 알파고가 직장 생활에 당장 영향을 주지는 않을 거라 여겼다. 그런데 챗GPT는 달랐다. 나는 챗GPT와 대화하면서 처음에는 신기했지만 점차 두려워졌다. 내가 오랫동안 고민한 업무 문제에 1초 만에 놀라운 답변을 내놓는 챗GPT를 마주하는 것은 충격 그 자체였다. 인공지능이 인간의 일을 대체하는 영화 속 장면이 현실이 되었다.

'앞으로 어떤 일이 벌어질지 모르겠다.' 지난 몇 년간의 경험을 통해 내린 결론이다. 지금도 자고 일어나면 새로운 기술이 발표되고, 예상치 못했던 사건과 사고 소식이 들려온다. 챗GPT를 능가하는 인공지능과 로봇이 언제 사람의 일자리를 대체하고, 갑작스러운 전염병이 발생하며, 어느 국가의 전쟁으로 경제 상황이 불안해질지 모른다. 한 치 앞을 내다보기 어려운 환경이다. 경력을 고민하는 후배에게 선배가 여유 있게 조언하던 모습은 온데간데없어지고, 선배가 자기 앞날을 걱정하기도 벅찬 요즘이다. 게다가 현재 직장인의 일자리 상황은 만만치 않다.

평생직장은 옛말이 되었다. 통계청 발표 자료를 보면 중년 직장인은 평균 16년 정도 근무하고, 49세 정도에는 안정적으로 일하던 직장을 떠난다.[2] 자신이 원해서 일을 그만둔다면 괜찮지만, 더 일하고 싶은데 그만둬야 한다면 속상한 일이다.

반면 최근 10년 사이 계속 일하고자 하는 고령자는 많아졌다. 이들 대부분은 평균 73세까지는 일하기를 원한다. 73세까지 일하고 싶은데 49세에 일자리를 떠나는 것이 현실이다. 물론 다른 일을 찾거나 창업하는 방법도 있지만, 안정성과 소득 측면에서 볼 때 녹록지 않다. 현재도 쉽지 않은데, 앞으로 인공지능과 로봇, 양자컴퓨터, 전염병 등 예상치 못한 변화가 빠르게 다가온다면 상황이 더욱 힘들어질 것이다.

인공지능 시대가 요구하는 핵심 역량

'인공지능 시대를 살아가는 직장인은 어떻게 해야 할까?' 생성형 인공지능을 접한 많은 사람에게 이 질문이 더 또렷해졌다. 그래서 우리를 염려하게 만든 주인공인 인공지능에 같은 질문을 했더니 역량을 지속적으로 개발하는 방안 등을 추천했다. 그리고 마지막에, 인공지능이 발전하면 직장 환경이 변화할 수 있지만, 유연하게 대처하고 자신의 장점을 살려 성장하는 기회를 찾는 것이 중요하다고 답했다. 나도 인공지능의 조언에 전적으로 동의한다. 미리 포기하지 말고 성장 기회를 찾으면 좋겠다. 위기를 기회로 전환하려면 구체적으로 무엇을 해야 할까?

과거에는 자기 분야에서 뛰어난 실력을 갖추기만 하면 걱정할 일이 없었다. 실력만 있으면 눈치 보지 않으며 어깨 펴고 당당하게 일할 수 있었다. 탁월한 실력은 안정적인 직장 생활을 보장했다. 그러나 세상이 빠르게 변하고 있다. 과거 경험과 실력에만 의존하다가는 낭패를 볼 수 있다. 지금까지 겪지 못했던 새로운 환경을 계속 접할 것이기 때문이다. 개인에게는 새로운 도전이다. 이때 변화를 신속하게 파악하고, 새로운 사고방식과 기술을 학습하여 삶에 적용하는 '학습민첩성'을 갖추면 큰 도움이 될 것이다. 유연하게 대처하고 자신의 장점을 살려 성장하는 것이 중요하다는 생성형 인공지능의 조언도 학습민첩성 개념과 유사하다.

학습민첩성은 현재의 뷰카 시대와 잘 어울린다. 흥미롭게도 학습민첩성과 뷰카는 두 가지 공통점이 있다. 1980년대에 등장했고, 이전보다 최근에 주목받는 개념이라는 점이다. 이제야 시대와 제대로 된 접점을 찾았기 때문이다.

학습민첩성에 대한 관심은 1980년대 미국의 리더십 연구 기관 CCL Center for Creative Leadership의 핵심 인재 잠재력 연구에서 시작되었다.[3] 당시 연구자들은 승승장구하며 계속 승진하는 임원들과, 성장할 거라는 기대를 받았으나 중도에 탈락하는 임원들의 차이가 궁금했다. 행동과학자이자 CCL 프로젝트 매니저였던 모건 매컬 Morgan MaCall과 마이클 롬바르도 Michael Lombardo는 여러 연구를 통해, 성공한 임원과 실패한 임원의 차이는 '경험에서 학습하는 능력'이라는 사실을 알아냈다.[4] 성공한 임원들은 경험하지 못한 새로운 환경을 만났을 때 새로운 기술과 사고방식을 학습하면서 적응했다. 반면 실패한 임원들은 새로 학습하지 않았다. 이들은 변화를 과소평가하고, 이전에 경험했던 업무의 또 다른 형태라고 생각했다. 지금까지 잘했다고 인정받아 임원까지 오른 자신이 틀리지 않았다고 생각하며, 과거에 잘했던 방식을 고집했다. 결국 새로운 환경에 적응하지 못한 이들은 과거의 성공 방식을 고수하다 실패했다.

학자들은 이후 여러 연구를 통해 학습민첩성의 개념을 다양하게 논의했고, 연구 대상을 리더뿐 아니라 일반 직원으로 확대하면서 세 가지 사실을 밝혀냈다. 첫째, 학습민첩성이 높으면 조직에서 인정받는다. 둘째, 학습민첩성이 높은 사람이 생각보다 적다. 셋째, 학습민첩성은 학습을 통해 개발할 수 있다. 결국, 학습민첩성을 향상시키면 조직에서 인정받으며 안정적으로 일할 수 있다. 이제 학습민첩성을 좀 더 살펴보자.

빠르고 유연하게, 변화에 대응하는 능력

학습민첩성이란 무엇인가

'학습민첩성'이란 용어는 1994년 마이클 롬바르도와 로베르트 아이힝거Robert Eichinger의 책을 통해 소개되었다. 이들은 학습민첩성을 '처음 접하고 어려운 상황에서 성과를 내기 위해 새로운 역량을 학습하려는 의지와 능력'이라고 정의했다.5 이후 학자들은 다양한 관점에서 학습민첩성을 정의했다. 그중 몇 가지를 소개하면, CCL에서는 '점점 더 복잡해지는 문제에 대처할 수 있는 새로운 전략을 지속적으로 개발, 성장, 활용할 수 있는 사고방식과 실천의 집합'으로 보았고, 국내 연구진은 '경험을 통해 학습하고 이

를 기반으로 빠르고 유연하게 생각과 행동을 변화시킬 수 있는 능력'으로 정의했다.[6]

이들의 다양한 정의를 살펴보면 네 가지 공통점이 있다.

첫째, 학습민첩성의 무대는 새로운 환경이다. 이전까지 경험하지 못했던 상황을 처음 접하는 개인은 당황하기 쉽다. 이때 당황하지 않고 대응하는 역량이 학습민첩성이다.

둘째, 경험을 통해 학습한다. 우리는 매일 많은 경험을 하지만, 모든 경험이 학습으로 연결되지는 않는다. 소중한 경험을 놓치지 않고 학습과 성장으로 연결하는 지혜가 필요하다. 새롭고 도전적인 환경에서 생존하고 성장하기 위한 지혜는 경험에서 나온다.

셋째, 학습 내용을 삶에 적용한다. 아무리 훌륭한 내용을 배웠어도 업무와 일상에 적용하지 않으면 성과를 낼 수 없다. 구슬이 서 말이라도 꿰어야 보배다. 학습민첩성은 급변하는 환경에서 생존하고 성장하는 데 필요한 능력이므로 무엇보다 실천이 중요하다.

넷째, 민첩해야 한다. '학습민첩성'이라는 단어에 포함된 '민첩성'을 강조하는 특징이다. 급변하는 환경에 대응하고 생존하기 위해서는 민첩성이 중요하다. 새로운 환경을 빠르게 배우고 현실에 적용해야 한다. 빠른 속도에 유연성이 더해져야 변화에 민첩하게 대응할 수 있다. 유연하게 생각하고, 업무에 유연하게 적용할 때 성과로 연결된다.

지금까지의 내용을 종합하여 이 책에서는 학습민첩성을 '새로운 환경을 빠르게 이해하고, 경험을 통해 학습한 내용을 유연하게 적용하는 능력'으로 정의한다.

학습민첩성이 높은 사람의 특징

학습민첩성이 높은 사람의 특징은 무엇일까?

첫째, 자신을 잘 이해한다. 자신이 무엇을 잘하고 무엇을 못하는지를 명확하게 인식하며, 현재의 감정 상태를 잘 파악한다. 또한 무엇이 자신의 감정과 정서에 영향을 주는지를 알고 있다. 이들은 명확한 자기 인식에 기반하여 앞으로의 성장 여정을 현실적으로 준비한다.

둘째, 성장 의지가 있다. 학습민첩성이 높은 사람은 능력을 스스로 발전시킬 수 있다는 '성장 마인드셋growth-mindset'에 바탕하여 적극적으로 성장을 추구한다. 또한 호기심이 많아 새로운 지식과 기술을 학습하길 좋아한다. 자신의 경력 개발을 스스로 책임지며 자기 주도적으로 학습할 뿐만 아니라 다른 사람을 통해서도 배운다. 성장 의지는 더 나은 미래를 만들어가는 원동력이다.

셋째, 개방적으로 사고한다. 이들은 과거의 성공 경험에 머무르지 않고, 새롭고 다양한 관점을 개방적으로 수용한다. 실수를 저지르면 객관적으로 인정하고, 바로잡기 위해 유연하게 수정한다. 또한 해결해야 할 문제를 새로운 관점으로 종합적으로 분석하여 문제의 본질을 파악하고, 새로운 환경에 대응하는 혁신적인 해결 방안을 제시한다.

넷째, 경험에서 배운다. 성공 경험은 물론 실패와 실수에서도 학습한다. 성공과 실패의 근본 원인을 분석하고, 향후 개선을 위해 건설적으로 논의한다. 또한 다른 사람들에게 피드백을 적극적으로 요청하고, 피드백을 수용하여 성장의 밑거름으로 삼는다. 자신의 경험을 끊임없이 성찰하여 학습과 성장으로 연결하려고 노력한다.

다섯째, 변화에 도전한다. 학습민첩성이 높은 사람은 현실에 안주하지 않는다. 자신이 머물던 안락지대에서 벗어나 위험을 감수하고 새로운 것에 도전한다. 처음 접하는 낯선 환경과 도전을 편안하게 여기거나 즐기기도 한다. 단순히 생각을 바꾸는 데 멈추지 않고, 실질적인 변화를 위해 구체적으로 행동한다.

지금까지 설명한 학습민첩성이 높은 사람의 특징을 그림으로 정리했다. 그래프는 가로축과 세로축으로 구분된다. 가로축은 시간의 지향점을 나타내는데, 왼쪽은 현재 지향, 오른쪽은 미래 지향을 가리킨다. 세로축은 관점을 나타내는데, 아래쪽은 자신의 내

■ 학습민첩성이 높은 사람의 특징

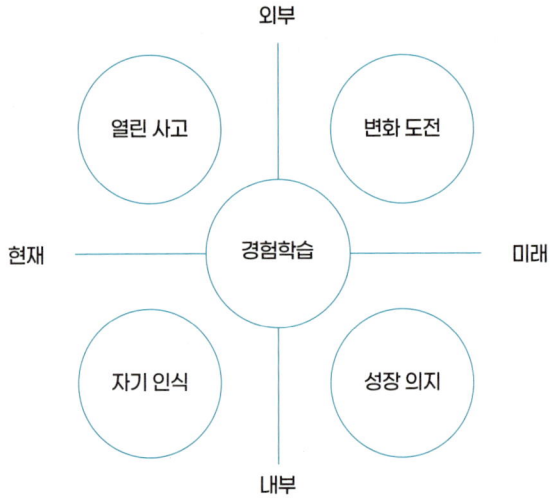

부 관점, 위쪽은 외부 관점을 가리킨다. 내부 관점에는 현재 지향의 자기 인식과 미래 지향의 성장 의지가 위치하고, 외부 관점에는 현재 지향의 열린 사고와 미래 지향의 변화 도전이 자리한다. 그래프의 중심에는 학습민첩성의 핵심이라 할 수 있는 경험 학습이 있다.

　학습민첩성은 단순한 이론이 아니라, 변화의 시대를 살아가는 데 실질적인 도움을 준다. 인재 개발 분야에서 25년간 일하면서 박사 학위와 다양한 자격증을 취득한 나는 나름 전문가라는 자부심이 있었다. 하지만 어느 순간 내 안에서 작은 불안이 고개를 들기 시작했다.

'과연 현재 나의 전문성이 인공지능 시대에도 유효할까?'

자기 인식을 통해 지금까지의 방식이 더는 통하지 않을 수도 있다는 현실을 실감했다. 그때부터 나는 성장 의지를 갖고 학습민첩성을 공부하기 시작했다. 관련 논문과 서적을 찾아 읽고 다양한 분야의 사람들을 만나 이야기를 들으면서 나의 생각과 시야가 넓어지는 것을 느꼈다. 또한 그동안의 경험을 돌아보며 지금의 변화가 나에게 어떤 영향을 주는지를 고민했다. 공부하면서 학습민첩성은 나뿐만 아니라 많은 직장인에게 꼭 필요한 역량이라는 확신이 들었다.

이 경험을 바탕으로 나는 학습민첩성에 대한 책을 출간하겠다는 목표를 정하고 집필을 시작했고, 결국 출간에 성공했다. 돌아보면 이 여정은 나 자신이 학습민첩성을 훈련하는 과정이었다. 익숙한 방식에서 벗어나, 모르는 분야를 배우고, 연결하고, 표현하고자 노력했다. 이런 과정은 지금 우리에게 필요한 변화의 시작이라고 믿는다.

생존과 성장의 열쇠, 학습민첩성

개인과 조직이 성장하는 비결

2000년대만 해도 대기업들은 전문성, 글로벌 역량, 창의성을 중심으로 인재상을 설정했다. 그러나 2023년 대한상공회의소가 국내 100대 기업의 인재상 키워드를 분석한 결과, 과거에 비해 창의성과 전문성의 비중이 줄었고, 변화에 능동적으로 대응하는 도전 정신과 실행력이 부상했다. 이러한 변화는 실제 대기업의 인재상에서 잘 드러난다.

삼성은 끊임없는 열정으로 미래에 도전하고 창의와 혁신으로 세상을 변화시키는 인재를 찾는다. LG는 고객 중심으로 끊임없이 혁신하는 인재를 원하며, SK는 스스로 동기부여하여 높은 목표에 도전하고 기존의 틀을 깨며 과감히 실행하는 인재를 찾는다. 기업은 변화에 신속하게 적응하고, 자발적으로 실천하며, 도전하는 인재를 원한다. 이처럼 '학습민첩성'은 이제 많은 조직이 요구하는 핵심 역량이자, 인재상의 중심 키워드가 되었다.

글로벌 컨설팅 회사 콘페리Korn Ferry의 연구도 이와 같은 흐름을 뒷받침한다. 많은 글로벌 회사를 대상으로, 실제 경영 현장에 학습민첩성이 어떤 영향을 주는지를 연구해온 콘페리의 여러 보고서에 따르면 불확실한 경영 환경에서 개인과 조직이 성장하는 요인은 바로 학습민첩성이며, 예측할 수 없는 환경에서 조직은 학습민첩성을 갖춘 인재를 점점 더 원할 것이다.[7] 보고서의 핵심 내용은 크게 다음과 같다.

먼저 학습민첩성이 높은 사람은 조직을 성장시킨다. 경영진의 학습민첩성이 높은 회사의 수익은 같은 업계 회사에 비해 25퍼센트 높았다. 학습민첩성이 높은 리더들은 급변하는 경영 환경 속에서 새로운 상황을 분석하고 이해하는 데 탁월했으며, 예측할 수 없는 어려운 환경을 성공적으로 극복했다. 민첩한 경영진이 조직을 민첩하게 만든 것이다. 학습민첩성이 높은 경영진은 그 과정에서 몰입하는 정도가 다른 사람들보다 5배 높았다. 학습민첩성이 높은 인재는 리더로 성장할 잠재력이 크므로, 조직은 이들을 채용하고 육성하기 위해 노력할 필요가 있다. 요즘처럼 변화무쌍한 환경에서 학습민첩성은 조직이 성장하기 위한 전제 조건이다.

그다음, 학습민첩성이 높은 사람은 조직의 인정과 보상을 받는다. 조직 성장에 이바지했으니 인정받는 것은 당연하다. 콘페리의 연구자들은 세계적 제약 회사의 지역 영업 관리자 83명을 대상으로 학습민첩성과 승진 여부의 관계를 살펴보았다.[8] 먼저 개인별 학습민첩성 점수를 측정하여 낮음·중간·높음 그룹으로 분류했다. 그리고 최근 10년 동안의 승진 횟수와 급여 인상률을 조사하여 비교했다. 분석 결과 학습민첩성은 승진과 급여 인상에 긍정적인 영향을 주었다. 학습민첩성 점수가 낮은 그룹의 평균 승진 횟수는 1회, 중간 그룹은 1.5회, 높은 그룹은 2회였다. 학습민첩성이 높은 사람이 낮은 사람보다 10년간 승진을 2배 더 많이 한 것이다. 또한 글로벌 회사의 리더 52명을 대상으로 한 다른 연구에서도 학습민첩성이 개인의 빠른 승진에 영향을 주었다.[9]

승진은 조직이 개인의 능력과 성과를 인정한다는 증거다. 승진에는 금전적 보상이 자연스럽게 따라온다. 북미에 본사를 둔 글로벌 소비재 기업의 관리자 101명을 연구한 결과에서도 학습민첩성이 급여 인상에 긍정적인 영향을 주었다. 그리고 학습민첩성이 높은 직원은 낮은 직원과 비교하여 잠재력 높은 인재로 인식될 확률이 18배나 높았다. 이처럼 해외에서는 높은 학습민첩성이 개인과 조직의 성장에 도움이 된다는 사실이 검증되었는데, 국내에서는 어떨까?

성공한 사람들은 어떻게 일하는가

국내 연구자들은 2011년부터 2020년까지 10년 동안 국내에서 진행된 학습민첩성 연구 67개를 모아 분석했다.[10] 그중 62개는 직장인 대상 연구였으며, 대기업과 중소기업, 공공 기관에서 제조, 영업, 경영 지원, 연구 개발, 교육, 서비스 등 다양한 분야에 근무하는 직장인 2만 2,261명이 참여했다. 분석 결과 국내에서도 학습민첩성이 높은 사람은 조직에 긍정적인 영향을 주었으며, 다른 사람들과 비교하여 많은 부문에서 뛰어났다. 연구자들은 연구 결과들을 수집하여 통계적으로 재분석하는 '메타분석'으로 학습민첩성의 효과를 분석한 결과를 발표했다. 학습민첩성이 높은 사람은 다음 10가지 영역에서 뛰어났다.

- **긍정심리 자본**: 도전적인 업무 수행에 자신감이 있고, 현재와 미래를 낙관적으로 보며, 좌절로부터 원래 상태로 되돌아오는 긍정적인 심리 상태

- **잡 크래프팅**job crafting: 개인과 조직의 긍정적 성과를 위해 업무의 의미와 관계를 변화시키는 활동
- **직원 열의**: 조직의 성과에 기여하는 직원의 신체적·인지적·정서적 몰입
- **목표 지향성**: 개인이 목표 달성을 위해 성취하거나 능력을 개발하려는 성향
- **무형식 학습**: 직장에서 학습자가 주도적으로 성찰하고 상호작용하여 이루어지는 학습
- **지식 공유**: 직원 개인의 정보, 지식과 노하우를 공유하고 지원하는 것
- **조직시민 행동**: 공식적 보상이 없어도 직원이 자발적으로 업무를 수행하는 것
- **리더와 직원 관계**: 리더와 직원 사이에 형성되는 물질·비물질적 교환 관계의 질
- **혁신 행동**: 새로운 아이디어를 개발하고 실제로 행동하는 것
- **직무 성과**: 과업, 목표를 성취하여 결과를 얻는 것

이 10가지 영역은 다시 세 가지로 요약할 수 있다. 첫째, 학습 민첩성이 높은 사람은 자신과 일에 긍정적이다. 현재와 미래를 낙관적으로 보는 긍정적인 심리 상태를 바탕으로 일의 의미와 가

치를 중요하게 생각하며 열정적으로 일한다. 둘째, 사람들과 함께 성장한다. 목표를 달성하기 위해 능력을 개발하려고 노력하며, 일하면서 만난 사람들과 상호작용하고 성찰하면서 배우고, 자신의 정보와 지식, 노하우를 나누며 함께 성장한다. 셋째, 자발적으로 실천하여 성과를 만든다. 공식적으로 보상해주지 않아도 목표를 지향하면서 주도적으로 일하고 리더와 원만한 관계를 유지하며, 새로운 아이디어를 개발하고 행동으로 옮겨 업무 목표를 달성한다.

2021년 이후 국내 직장인들을 다양하게 연구한 결과도 앞서 소개한 내용과 일맥상통했다. 최근에는 이전보다 구체적인 현장 사례 연구가 진행되고 있다. 국내 가전제품 제조 대기업인 L 기업의 영업 사원 325명을 대상으로 영업 사원의 학습민첩성이 영업 성과에 미치는 영향을 분석한 연구가 발표되었다.[11] 결과에 따르면 학습민첩성이 증가할수록 영업 성과 수준도 높았다. 일반 사무직 근로자와 달리 오로지 개인의 실적으로 성과가 측정되는 영업 사원들은 누구보다 변화에 민첩하게 대응해야 한다고 연구자들은 주장한다. 또한 시장 트렌드와 고객의 요구가 빠르게 변하는 환경에서 도태되지 않기 위해서는 끊임없는 학습이 필요하므로 결국 학습민첩성이 중요하다고 강조한다.

지금까지 살펴본 해외와 국내 연구를 정리하면, 학습민첩성은

'미래 생존과 성장의 열쇠'라고 할 수 있다. 개인과 조직의 성공 모두에 긍정적인 영향을 주기 때문이다. 따라서 변화하는 환경에 민첩하고 적응력이 뛰어나며, 경험을 통해 배우고 새로운 도전을 시도하는 능력을 지닌 사람은 조직에서 인정받으며 즐겁게 일할 수 있다. 서울대학교 첨단융합학부 이찬 교수도 인공지능 시대에 필요한 핵심 역량으로 학습민첩성을 꼽았다.[12] 이 능력이 현재뿐 아니라 미래에도 중요하다는 의미다.

학습민첩성은 시대와 환경이 변화할수록 그 가치가 더욱 부각되고 있다. 그렇다면 학습민첩성을 바탕으로 성장한 대표적 인물에는 누가 있을까? 인공지능 시대의 대표 기업 엔비디아 NVIDIA 창립자이자 최고경영자 젠슨 황 Jensen Huang을 꼽을 수 있다. 젠슨 황은 학습민첩성의 다섯 가지 핵심 요소를 고루 갖춘 인물이다. 그는 먼저 자기 인식 측면에서 자신의 장점을 정확히 인식하고 전략을 세웠다. 학창 시절 자신이 잘하는 과학과 수학에 집중하여 16세에 대학교에 입학했고, 자신이 좋아하던 게임에 사용되는 그래픽카드를 개발하기 시작했다. 그리고 성장 의지를 경영 철학에서 드러내고 있다. 젠슨 황은 외부 경쟁자보다 내부의 자만심을 더 큰 위협으로 인식하며, 과거의 성공에 안주하지 않고 지속적인 성장을 추구한다. 또한 그는 열린 사고를 소유했다. 그래픽처리장치 GPU는 단순히 그래픽 연산에 사용된다는 기존의 인식 틀을 넘어 인공지능 학습과 고성능 컴퓨팅의 핵심이 될 수 있다고 유연하게 사고했다. 그다음 경험에서 배울 줄 아는 그는 초기 모바일 칩 시장 진출에 실패했지만, 그 경험을 바탕으로 기술과 전략을 재정비해 인공지능을 포함한 새로운 영역에서 성공했다. 마지막으로 그는 변화에 도전하는 리더다. 인공지능의 가능성을 일찍이 알아보고 과감하게 투자한 것도 도전의 결과다. 이처럼 학습민첩성은 이론적 개념을 넘어, 세계를 선도하는 리더들을 통해 그 중요성을 증명하고 있다.

하지만 학습민첩성이 높은 사람은 그리 많지 않다. 콘페리의 조사에 따르면 글로벌 기업 직원의 15퍼센트만이 학습민첩성이 높다. 국내 직장인의 상황도 크게 다르지 않다. 앞서 소개한 서울대학교 이찬 교수 연구팀의 조사에 따르면 코로나19 사태를 계기로 국내 직장인들이 리더에게 기대하는 역량 중 가장 큰 폭으로 증가한 것이 바로 학습민첩성이었다.[13] 2030세대가 보기에는 현장의 리더들이 급변하는 환경에 민첩하게 적응하지 못했다는 뜻이다. 현재 소수만이 지닌 생존과 성장의 열쇠 '학습민첩성'을 내 것으로 만든다면 우리의 미래는 더욱 밝아질 것이다. 바로 다음 장부터 학습민첩성을 키우는 구체적인 방법을 소개하겠다.

2장

나는 어떤 사람인가

: 자신의 역량을 발견하기 위한 '자기 인식'

자신에 대해
질문하는 시간을 가져라

나는 나에 대해 얼마나 알고 있는가

얼마 전 인간과 인공지능의 관계를 섬세하게 묘사한 영화 〈그녀 her〉를 봤다. 주인공인 고독한 작가 '테드'는 인간과 대화하는 인공지능 운영체제 '사만다'를 만난다. 사만다는 자신만의 개성과 감정을 지니고 있으며, 인간과 비슷하게 대화하면서 학습하고 성장한다. 테드와 사만다는 대화를 통해 점점 가까워져 서로에게 사랑을 고백하기에 이른다. 그런데 그들은 사랑을 느끼는 과정에서 정체성 혼란을 겪는다. 이 영화는 우리에게 질문을 던진다. 인간과 인공지능의 관계에서 어디까지가 인간의 정체성이고 어디까지가 인공지능의 정체성인가? 그리고 나는 누구인가?

  인공지능이 발달할수록 인간과 인공지능의 정체성의 경계는 모호해질 것이다. 자기 정체성이 정립되지 않은 상태에서 현재보다 발전한 인공지능을 만난다면 우리도 〈그녀〉의 주인공 테드처럼 혼란스러운 상황을 경험할 수 있다. 예를 들어 인공지능과 대화하면서 친밀감을 느낀다면 인공지능이 물리적으로 존재하는 사람과 비슷한지 혼란스러울 것이다. 또한 인공지능과의 관계가 인간과의 관계와 어떻게 다른지를 고민하고, 인공지능에 더욱 익숙해지면서 그것에 의존하려 할 수도 있다. 이처럼 발달하는 인공지능은 인간과 기술의 관계에 다양한 고민거리를 던진다. 인공지능 시대에 정체성 혼란을 줄이기 위해서는 '나는 누구인가?'라는 질문에 명확하게 답할 필요가 있다.

  "이곳에 지원해주셔서 감사합니다. 먼저 간단한 자기소개를 부탁드려도 될까요?"

  입사 면접을 시작할 때 내가 자주 하는 질문이다. 그러면 지원자들은 각자의 방식으로 자기소개를 한다. 지향하는 가치를 설명하는 사람도 있고, 과거의 성취 경험을 이야기하면서 자신이 준비된 인재라고 자신 있게 주장하는 지원자도 있으며, 이곳에서 실현하고 싶은 미래 목표를 강조하는 사람도 있다. 자기소개를 잘하는 지원자들에게는 공통점이 있다. 말을 청산유수처럼 잘한다. 면접 준비를 철저히 했을 것이라고 짐작하고 들었는데도 감탄이 절로 나올 정도다. 면접이 끝나면 이런 생각을 하곤 했다. '요즘 지원자들은 자기 생각이 뚜렷하고, 주장을 명확하게 전달하는 능력이 뛰어나구나.'

그런데 커리어 코칭을 하면서 생각이 달라졌다. 면접 때는 자기 생각을 명확하게 말했던 직원이 얼마 지나지 않아 코칭을 신청했다. 만나서 이야기해보니 자기가 무엇을 좋아하거나 잘하는지 모르겠고 미래 목표도 없어서 답답하다는 것이었다. 면접에서 자신 있게 말하던 모습이 기억난다고 내가 말하자, 그는 웃으며 그건 합격을 위한 모범답안이었다고 했다. 생각해보니 나도 면접 볼 때 그랬던 것 같다. 자신을 솔직하게 소개하기보다는 합격을 위해 일종의 편집과 각색을 했다. 합격이라는 눈앞의 목표를 위해 급하게 자기소개 문구를 준비하느라 자신에 대해 진지하게 생각할 시간이 없었다.

강의와 코칭을 하는 나는, 자신을 이해하는 시간을 갖지 못했다는 사람들을 자주 만난다. 왠지 시간이 지나면 해결될 것 같지만 40~50대가 되어도 자신을 잘 모르는 사람이 많다. 나이는 문제가 아니다. 하루하루 치열하게 살아가는 직장인은 자신을 생각할 여유가 없다. 자신이 무엇에 관심 있고 무엇을 잘하는지를 모른 채 일하며 살아간다. 그러다 보니 자신에게 적합한 성장 여정을 계획하지 못한다.

지금까지 시간이 부족했다면 이 책을 읽으면서 자신에 대해 생각해보면 어떨까? 이제는 면접 합격이 아닌 자신의 성장을 위해 솔직한 자기소개를 준비해보자.

나를 알아가는 세 가지 방법

자신을 이해하는 데 도움이 되는 방법은 무엇일까? 세 가지 방법을 소개하고자 한다.

첫째, 나의 과거로 여행을 떠난다. 과거에 무엇을 좋아했는지, 어떤 사건이 기억에 남는지를 생각하면 자신을 이해하는 데 도움이 된다. 관심 있는 것이 별로 없다는 사람에게 학창 시절에 무엇을 좋아했냐고 물으면 눈빛을 반짝거리며 생각하다가 좋아했던 과목이나 운동 등을 말한다. 좋아했던 친구나 선생님과의 추억을 신나게 이야기하기도 한다. 과거를 떠올리다 보면 신기하게도 기억이 꼬리에 꼬리를 문다. 좋아했던 운동을 이야기하면 같이 운동하던 친구가 생각나고, 이어서 그 친구와의 다른 추억이 떠오른다.

먼저 자신의 과거 경험을 돌아보자. 종이를 꺼내 왼쪽에 자신이 기억하는 가장 오래된 연도를 적는다. 그리고 그해와 관련된 기억을 적는다. 예를 들어 초등학교 1학년 때였다면 학교와 반, 담임 선생님과 친구의 이름, 가족여행 등의 기억을 적어본다. 한 해에 1~2분 정도씩 생각한다. 그리고 다음 해로 넘어가며 기억을 적는다. 이런 식으로 계속하다 보면 현재에 가까워질수록 많은 추억이 떠오른다. 다 적으면 그중에서 '인생의 10대 사건'을 선정한다. 그리고 10대 사건이 인생에 어떤 영향을 주었는지를 곰곰이 생각해본다. 10대 사건을 살펴보면 자신이 어떤 가치를 중요하게 생각하는지를 알 수 있다. 입학, 수상, 합격, 승진 등을 꼽았다면 성취를 중시하는 것이고, 가족, 선생님, 친구, 동료와의 만남 등을 선택했다면 관계를 중요하게 생각한다고 볼 수 있다. 이처럼 지금까지 어떻게 성장했는지를 과거 여행을 통해 돌아보면서 자신을 이해할 수 있다.

■ **내 생애의 중요 사건**

나이 (연도)	기억에 남는 경험	중요도 (10점 만점)

둘째, 성격 유형 진단을 활용한다. 널리 알려진 MBTI를 비롯해 Big 5 성격 검사, MMPI 성격 검사, DiSC 행동 유형 검사, 버크만 진단 등 다양한 진단 도구들이 있다. 이 도구들을 활용하면 미처 몰랐던 자신의 성격이나 행동을 이해할 수 있다. 성격 다양성을 이해하면 나와 성향이 다른 사람과의 관계를 개선하는 데도 도움이 된다.

성격 유형 진단을 사용할 때는 주의할 점들이 있다. 먼저 진단 결과를 맹신하여 자신과 상대방의 성격을 규정하려는 생각은 위험하다. 예를 들어 MBTI의 외향(E)과 내향(I)은 통계적으로 뚜렷하게 다른 집단으로 구분되지 않는다. 사람은 외향성과 내향성을 모두 갖고 있는데, 적은 점수 차이를 감안하지 않고 특정 유형으로 규정한다면 자신과 상대방의 성향을 오해할 수 있다. 게다가 정식 MBTI 검사가 아닌 '16유형16Personalities' 같은 간단한 검사는 신뢰도가 낮으니 주의할 필요가 있다. 또한 특정 유형을 일반화해 상대방에게 낙인을 찍고 판단하지 않아야 한다. 이러한 진단은 성격 유형의 다양성을 존중하고 자기를 이해하는 수단으로 사용해야 도움이 된다.

셋째, 일하는 이유를 생각한다. 우리는 많은 시간 동안 일한다. 평일에는 깨어 있는 시간의 절반 정도를 일하는데, 출근 준비와 출퇴근 시간을 더하면 그 시간은 더욱 늘어난다. '일과 삶의 균형'을 지향하는 사회 분위기의 영향으로 이전보다 일의 중요성이 줄었다지만, 일상에서 큰 비중을 차지하며 시간 이상의 가치를 지니는 일을 빼놓고 우리의 삶을 생각하기 어렵다.

조직심리학자 에이미 프제스니에프스키Amy Wzesniewski는 일을 바라보는 관점을 생업job, 경력career, 소명calling으로 구분했다.[1] 생업 관점을 지닌 사람들은 일을 생계유지에 필요한 돈을 벌기 위해 어쩔 수 없이 하는 노동으로 본다. 경력 관점을 가진 사람들은 일을 경력을 성장시키는 과정으로 보고 자기 계발을 통해 전문성을 키운다. 소명 관점을 지닌 사람은 일을 통해 삶에서 중요하다고 생각하는 가치와 의미를 추구한다.

세 가지 관점 가운데 어떤 관점을 지닌 사람이 가장 행복할까? 바로 소명 관점으로 일하는 사람들이다. 이들은 맡은 일에 정성과 노력을 쏟으며 자신의 삶과 일에 만족한다고 응답했다. 결국, 소명 관점을 가진 사람들은 생업 관점의 사람들이 원하는 돈을 벌면서 일과 삶의 행복까지 누린다. 우리는 일하는 이유를 다시 생각해볼 필요가 있다.

자신을 이해하는 방법은 다양하다. 가족이나 친구, 동료에게 자신이 어떤 사람인지 물어봐도 좋다. 자신이 보지 못하는 모습을 타인을 통해 발견할 수 있기 때문이다. 과거 여행, 성격 유형 진단, 일하는 이유 찾기, 다른 사람의 피드백 등을 활용해 입체적으로 자신을 이해한다면 성장을 위해 힘차게 출발할 수 있다. 이제 성장을 위한 자기소개를 솔직하게 해보자. 나는 누구인가?

자신을 객관적으로 평가하고 있는가

계획과 결과가 달라지는 이유

대학생들을 대상으로 실험하던 미국의 한 연구팀이, 논문을 언제까지 완성할 수 있을지 예상해달라고 이들에게 요청했다. 학생들이 대답한 평균 예상 일수는 34일이었는데, 실제로는 평균 56일 만에 논문 작성을 마쳤다. 이때 학생들에게 최선과 최악의 경우를 물어봤는데, 최선의 경우로 정한 시간 안에 마친 학생은 11퍼센트에 불과했고, 최악의 경우로 정한 기간 내에 논문을 마친 학생은 절반도 되지 않았다. 절반 이상이 자기 능력을 과대평가하여 최악의 경우보다 늦게 마친 것이다.[2]

나도 비슷한 경험을 했다. 내가 신입 사원 때 과장님이 보고서 작성을 요청하면서 몇 시간 정도 걸리겠냐고 물었다. 속으로는 '1시간이면 될 것 같은데'라고 생각했지만, 여유 시간을 고려하여 2시간이라고 답했다. 그런데 실제로는 4시간이 걸렸다. 자료를 찾는 데 생각보다 많은 시간이 걸렸고, 예상치 못한 전화 통화와 방문객 응대를 하느라 시간을 보냈다. 과장님께 보고서를 제출하면서 참으로 민망했다. 미국 대학생들처럼 나의 능력을 과대평가했던 것이다.

이처럼 어떤 일을 계획할 때 실제와 다르게 평가하는 현상을 '계획 오류planning fallacy'라고 한다. 계획 오류가 생기는 원인은 크게 두 가지다.

첫째, 자신을 과대평가 또는 과소평가하기 때문이다. 심리학자 데이비드 더닝David Dunning과 저스틴 크루거Justin Kruger는 대학생들을 대상으로 논리적 사고, 문법 등을 테스트했다. 분석 결과 실력이 부족한 학생들은 대체로 자신의 실력을 평균보다 높게 평가했다. 반면 뛰어난 학생들은 자신의 실력을 낮게 평가했다.[3] 이처럼 능력이 부족한 사람은 자신을 과대평가하고, 능력이 뛰어난 사람은 과소평가하는 현상을 두 학자의 이름을 따서 '더닝 크루거 효과Dunning-Kruger effect'라고 한다. "빈 수레가 요란하다", "벼는 익을수록 고개를 숙인다"라는 옛말이 과학적으로 검증된 것이다.

둘째, 꽃길만 걸을 것이라고 낙관하기 때문이다. 사람들은 계획하는 과정에서 미래를 긍정적으로 보는 경향이 있다. 꽃길만 펼쳐지면 좋겠는데, 실제로는 생각지 못한 장애물이 곳곳에 숨어 있다. 예를 들어 공부하러 도서관에 갔더니 처음에는 집중이 잘되어서 앞으로도 계속 집중이 잘될 것으로 생각하고 공부 계획을 세운다. 그런데 몇 번 더 가보니 주변에 놀 거리가 보이고 집중력이 떨어지면서 목표를 달성하지 못한다. 이처럼 지금까지 그래왔듯 미래에도 꽃길만 펼쳐지지는 않는다. 따라서 지나친 낙관을 주의할 필요가 있다.

메타인지의 힘

EBS에서 〈0.1%의 비밀〉이라는 다큐멘터리 프로그램을 방영한 적이 있다. 방송에서는 모의고사 전국 석차가 0.1퍼센트 이내인 학생들과 평범한 학생들이 어떻게 다른지를 살펴보았다. 여러 가지를 조사했는데, 상위 0.1퍼센트 학생들은 평범한 학생들에 비해 IQ가 크게 높지 않았다. 부모의 학력과 경제력도 평범한 학생들과 다르지 않았다. 그럼 무엇이 달랐을까?

방송에서는 0.1퍼센트 학생들과 평범한 학생들을 대상으로 실험했다. 기억력과 학업 성취도의 상관성을 알아보는 실험이라고 설명한 후, 연관성이 없는 단어 25개를 보여주었다. 여행, 우산, 변호사, 초인종 등의 단어를 하나당 3초씩 보여주었다. 학생들은 더 많이 외우기 위해 집중했다. 제작진은 실험에 참여한 학생들에게 두 가지를 요청했다. 먼저 학생 스스로 기억한다고 생각하는 단어의 개수를 적으라고 했다. 다음으로 실제로 기억나는 단어를 화이트보드에 쓰라고 했다. 사실 이 실험의 목적은 기억력을 측정하는 것이 아니었다. 학생들의 예측과 실제 기억한 단어 개수의 차이를 알아보는 것이었다.

실험 결과 0.1퍼센트 학생들은 자신의 예측과 실제 기억한 개수가 거의 같았고, 평범한 학생들은 꽤 달랐다. 흥미롭게도 두 집단의 기억력에는 별다른 차이가 없었다. 0.1퍼센트 학생들은 평범한 학생들에 비해 자신의 능력을 정확하게 파악했다. 자신이 아는 것과 모르는 것을 알고 이를 객관적으로 판단하는 능력을 '메타인지metacognition'라고 하는데, 0.1퍼센트 학생들은 메타인지 능력이 뛰어났다.

학습민첩성이 높은 사람으로 성장하려면 먼저 자신의 능력을 객관적으로 파악해야 한다. 자신을 객관적으로 평가하면 명확한 자기 인식을 바탕으로 앞으로의 성장 여정을 준비할 수 있다. 그렇다면 자신의 학습민첩성을 객관적으로 평가하는 방법은 무엇일까?

먼저 자신의 과거를 돌아본다. 앞에서 소개한 미국 대학의 연구팀이 대학생들에게 다른 과제를 주면서 자신의 과거를 기억하며 계획을 세우라고 요청했더니, 예측한 기간과 실제 소요 기간의 차이가 이전보다 줄어들었다. 과거 경험을 회상하면 자신을 객관적으로 평가하고 향후 대책을 마련하는 데 도움이 된다.

자신의 과거를 생각하며 질문해보자. 예상했던 결과와 실제 결과가 일치했는가? 신입 사원 때 나의 경험처럼 업무를 예상 시간 이내에 마치지 못했다면, 미래에도 그럴 가능성이 있으므로 대책을 세워야 한다.

몇 가지 질문을 더 해보자. 자신의 성장에 관심이 많았는가? 새로운 관점으로 문제를 해결했는가? 경험에서 배우고 성장했는가? 실패를 두려워하지 않고 변화하고 도전했는가? 입사 면접처럼 갑작스러운 질문 세례에 당황스러울 수 있지만, 차분하게 생각해보자. 과거를 천천히 돌아보면 기억이 하나둘 떠오른다. 모든 질문을 생각했다면 자신의 학습민첩성이 어느 수준인지를 가늠할 수 있다.

그다음, 학습민첩성을 측정한다. 체중계로 몸무게를 측정하듯, 도구를 활용해 학습민첩성을 측정할 수 있다. 학습민첩성 측정 도구는 연구 초기에 해외에서 개발되었지만, 최근 국내 연구자들이 우리나라의 특성을 고려한 측정 도구를 개발했다. 그중 임창현, 위영은, 이효선이 개발한 '학습민첩성 측정 도구'를 소개한다. 학습민첩성을 5개 요인으로 구분한 이 도구는 전체 22개 문항으로 구성되어 있다.[4] 5개 요인은 자기 인식, 성장 지향, 유연한 사고, 성찰 추구, 행동 변화다. 이 책에서 높은 학습민첩성의 특징으로 소개한 자기 인식, 성장 의지, 열린 사고, 경험학습, 변화 도전과 거의 일치한다.

52쪽에 소개한 '학습민첩성 측정 도구'를 통해 자신의 현재 수준을 점검해보자. 정확히 측정하기 위해서는 솔직하게 응답해야 한다. 앞으로 되고 싶은 이상적인 모습이 아니라 평소의 모습을 생각하며 응답한 후 다섯 가지 요인의 평균 점수를 구한다. 자기 인식은 1~3번 문항, 성장 의지(측정 도구에서는 성장 지향)는 4~10번 문항, 열린 사고(유연한 사고)는 11~13번 문항, 경험학습(성찰 추구)은 14~17번 문항, 변화 도전(행동 변화)은 18~22번 문항이다. 다섯 가지 역량 가운데 평균 점수가 가장 높은 역량을 강점으로 키우고 낮은 역량을 보완한다면 당신은 조금씩 성장할 것이다.

■ 학습민첩성 진단

각 문항을 읽은 후 동의하는 정도에 해당하는 점수를 적으세요(5점 척도).

1 전혀 아니다	2 다소 아니다	3 보통이다	4 다소 그렇다	5 매우 그렇다

번호	문항	점수
1	자신의 장단점을 명확히 알고 있다.	
2	자신의 감정 상태를 잘 인식하고 있다.	
3	무엇이 자신의 감정과 정서에 영향을 미쳤는지 안다.	
4	노력을 통해 자신의 잠재력을 향상할 수 있다고 믿는다.	
5	지금보다 더 높은 수준으로 성장하는 것에 관심이 많다.	
6	새로운 스킬을 개발하고자 하는 동기가 강하다.	
7	자신의 경력 개발에 대한 관심이 많다.	
8	다른 사람의 피드백을 성장의 기회로 받아들인다.	
9	미래 자신의 모습과 결과를 그려본다.	
10	높은 수준의 목표를 추구한다.	
11	서로 다른 개념과 아이디어를 통합하여 새로운 관점을 제시한다.	
12	사건이나 상황의 보이지 않는 이면에 대해서도 생각한다.	
13	문제나 기회에 대해 새로운 관점으로 사고하고 접근한다.	
14	본인의 업무 활동에 대해 다른 사람에게 적극적으로 피드백을 요청한다.	
15	현재 하는 일이나 활동에 관해 '왜, 어떻게'라며 끊임없이 질문한다.	

16	성공과 실패의 근본 원인을 지속적으로 탐색한다.	
17	의사 결정과 행동을 하기에 앞서 근거를 설명할 수 있다.	
18	자신의 안전지대를 기꺼이 벗어나 새로운 것을 시도한다.	
19	변화에 대한 저항에 흔들리지 않는다.	
20	변화 과제에 대해 기꺼이 책임을 진다.	
21	실패를 두려워하지 않고 혁신이나 학습 과정의 일부분으로 인식한다.	
22	불확실한 상황에서도 주저하지 않고 과감히 위험을 감수한다.	

나는 무엇에 끌리는가

목적에 맞는 도구를 선택하라

"코치님, 직무를 선택할 때 MBTI를 활용하면 어떨까요?"

커리어 코칭에서 부서 이동을 고민하던 분이 조심스럽게 물었다. 그는 현재의 업무가 자신과 잘 맞지 않는다고 느끼고 있었고, 성격 유형에 기반하여 새로운 방향을 찾고 싶어 했다.

나는 이렇게 답했다.

"그때는 MBTI보다 경력 지향성 진단이 더 적합할 수 있습니다."

모든 도구에는 주된 용도가 있다. 망치는 못을 박을 때 쓰고, 톱은 나무를 자를 때 쓴다. 못을 박을 때는 톱보다 망치가 훨씬 효과적인 것처럼, 성격을 이해하려는 목적이라면 MBTI가 유용하지만 직무나 커리어 방향을 선택할 때는 다른 도구가 필요하다. MBTI는 개인의 성향을 파악하는 데 유용하지만, 구체적인 직무 선택을 결정하기에는 한계가 있다.

실제로 IT 기업에서 일하던 한 직장인은 자신이 ENFJ 유형이라는 이유로 '사람을 많이 만나는 직무'를 찾아 이직했지만, 정작 반복적인 대인 업무에 큰 스트레스를 느끼며 다시 적성 고민에 빠졌다. 그 후 경력 가치관 진단을 통해 자신이 '자율성'과 '도전'을 중요하게 여긴다는 사실을 깨닫고, 지금은 기획 부서에서 만족스럽게 일하고 있다. 이처럼 필요한 정보를 얻으려면 그 목적에 맞는 도구를 선택해야 한다. 직무 선택을 위한 대표적인 진단으로는 다음과 같은 것들이 있다.

- 경력 지향성 진단: 자신이 경력에서 가장 중요하게 여기는 가치를 파악할 수 있다.
- 경력 가치관 진단: 어떤 일에 의미를 느끼는지를 중심으로 개인의 동기를 탐색할 수 있다.
- 홀랜드 검사 RIASEC: 개인의 흥미를 기준으로 직업 유형을 매칭해주는 검사로, 적성에 맞는 직무군을 찾는 데 유용하다.

• NCS 기반 직무 역량 진단: 국가직무능력표준NCS을 기반으로 강점 역량이 어떤 직무와 부합하는지를 분석한다.

경력을 선택하는 것은 단순한 '성격 매칭'의 문제가 아니다. 일은 성격만이 아니라 가치관, 흥미, 역량, 환경 적합성 등 다양한 요소가 맞물려 결정된다. 자신에게 맞는 직무를 찾고 싶다면 그 여정을 안내할 정교한 도구를 함께 활용해야 한다.

방향을 알아야 항해할 수 있다

여기서는 '경력 닻Career Anchor'이라는 경력 지향성 검사를 소개한다. 경력 지향성은 자신이 성장하고 싶은 경력의 방향을 뜻한다. 경력은 생애에 걸쳐 이루어가는 항해와 비슷하다. 인생이라는 바다 위에서 목적지를 향해 떠나는 한 척의 배와도 닮았다. 그런데 바다 날씨는 변화무쌍해서 언제 무슨 일이 일어날지 모른다. 항해 도중 갑작스러운 풍랑을 만날 때 경력이라는 배가 흔들리지 않게 꽉 잡아주는 닻이 있다면 얼마나 좋을까? 조직심리학자 에드거 샤인Edgar Schein은 배의 닻처럼 경력 선택과 발전이 흔들리지 않도록 명확한 방향성을 제시하는 경력 닻이 있다고 주장했다.[5] 경력 닻은 자신의 가치, 재능, 욕구를 포함하는 자아 개념으로, 경력과 관련된 선택을 할 때 가치 판단의 중요한 기준이 된다. 자신의 경력 닻을 명확하게 이해하면 성장에 도움이 될 것이다. 에드거 샤인이 말하는 여덟 가지 유형의 경력 닻은 다음과 같다.

첫 번째는 전문성 추구형이다. 전문 기술과 기능을 중시하는 사람들은 특정 분야의 일에 재능을 갖고 흥미를 느낀다. 이들은 자신의 전문성을 추구할 수 있다면 그 분야의 관리자가 되려고 하지만, 일반 관리직에는 큰 가치를 두지 않는다. 이들은 대부분 전문성 개발을 중요하게 생각한다. 그러나 일부는 조직의 구성원이 되거나, 독립적 사업가가 되기 위해 전문성을 추구하기도 한다. 결과적으로, 이 성향이 있는 사람들은 자신의 전문성을 발달시키는 데 만족한다.

두 번째는 리더십 추구형이다. 경력을 쌓음에 따라 관리자가 되고 싶고, 경영 자체에 관심을 두고 중요한 정책을 결정하는 위치에 오르고 싶어 한다. 이들은 한 분야의 전문화를 하나의 덫으로 보기에 전문성 추구형과는 다르다. 이들은 관리자 업무를 잘 수행하기 위해서는 여러 부서의 기능과 해당 산업을 잘 알아야 한다고 생각한다. 또한 높은 책임감, 리더로서의 기회, 조직의 성공에 대한 기여, 높은 임금을 받는 수직적 상승을 선호한다.

세 번째는 자율성/독립성 추구형이다. 이들은 조직의 규칙, 절차, 근무 시간, 복장 등 규범들에 구속되는 것을 힘들어한다. 자신의 방식과 속도에 맞게 일하고 싶은 욕구가 강하기 때문이다. 이들은 조직 생활이 자신의 삶을 제한한다고 생각하여 독립적인 경력을 선호한다. 자율적으로 일할 수 있는 현재 직장, 그리고 자율이 보장되지 않지만 월급이 더 많은 다른 직장 중 하나를 선택하라고 하면 이들은 자율적인 현재 직장을 선택할 것이다.

네 번째는 안정성 추구형이다. 직장에서 안정감을 느끼고, 미래 업무를 예측할 수 있으며 일을 잘 수행해왔다는 사실을 즐긴다. 이 성향의 사람들이 경력에 대해 어떤 결정을 할 때 중요한 점은 안정성과 지속성이다. 이들은 오래 다닐 수 있고, 좋은 퇴직 계획과 복리후생을 제공하는 튼튼한 직장에서 근무하기를 원한다. 따라서 이들에게 공무원은 매력적인 직업이다. 이 성향의 사람들은 높은 지위를 맡지 않더라도 소속 조직과의 일치감에 만족한다.

다섯 번째는 기업가적 창의성 추구형이다. 신제품이나 서비스를 개발하고 자신의 사업을 벌이고 싶은 욕구가 강하다. 이들의 창의성은 연구자, 예술가, 발명가의 창의성과는 다르다. 이들에게 창의성이라는 욕구는 새로운 회사, 상품, 서비스를 만들어 경제적으로 성공하는 것이다. 그래서 이들에게는 돈을 버는 것이 성공의 척도다. 이들이 직장에서 창의적으로 일하는 사람과 구분되는 점은, 직장을 그만두고 사업에 뛰어들 적극성이 있다는 것이다.

여섯 번째는 봉사/헌신 추구형이다. 일을 통해 자아실현을 하려는 가치관 때문에 직업 세계에 참여한다. 이들은 재능이나 능력보다 자아실현을 중요하게 생각한다. 더 나은 세상을 만들려는 열망으로 직업을 선택하고 경력을 결정한다. 이 성향의 사람들은 의료, 사회복지, 교직, 성직 등 남을 돕는 직업을 많이 선택한다. 일부 경영진이나 직장인들 가운데서도 이 유형을 찾을 수 있다.

일곱 번째는 도전 추구형이다. 일이든 사람이든 모든 것을 정복할 수 있다는 생각으로 직업을 선택한다. 이 성향의 사람들은 불가능한 일을 극복하고, 해결할 수 없는 문제를 해결하며, 굉장히 강한 상대를 제압하는 것을 성공이라고 생각한다. 일을 하나씩 해결하면서 점점 더 힘든 도전을 추구한다. 어떤 사람들은 어려운 문제에 직면할 수 있는 직업을 선택한다. 이들은 어떤 분야의 문제도 개의치 않으며, 어려운 업무를 선호한다.

여덟 번째는 삶의 질 추구형이다. 자기 삶의 방식과 어울리는 경력을 추구한다. 단지 직업과 개인적 삶의 균형을 이루려고 하지 않고 개인, 가정, 경력에 필요한 것을 함께 해결하는 방법을 찾는다. 자율성 추구형과 비교하면 융통성을 원한다는 공통점이 있지만, 삶의 질 추구형은 적합한 대안을 찾으면 조직을 위해 성심껏 일한다. 이들은 특정 프로그램보다 개인과 가족 문제를 반영하는 회사의 태도를 높게 평가한다.

당신은 어느 유형에 해당하는가? 아래 소개하는 '경력 닻 진단'을 통해 경력 지향성을 파악해보자. 진단할 때는 평소의 솔직한 모습을 생각하며 응답하자. 자기 유형을 확인한 후에는 자신의 삶을 되돌아본다. 과거에 전공이나 직장을 선택하는 과정에서 경력 지향성이 어떤 영향을 주었는지를 생각한다. 그리고 미래의 경력 선택에서 어떤 영향을 줄 것인지를 예측해보자. 경력 지향성을 이해하면 과거와 현재의 경력 선택을 해석하고 미래의 선택을 예측하는 데 도움이 된다. 더 나아가 '그때까지 무엇을 준비해야 하는가?'라는 고민을 해결하는 실마리를 찾을 수 있을 것이다.

■ **경력 닻 진단**

각 문항을 읽은 후 동의하는 정도에 해당하는 점수를 적으세요.[6]

1 전혀 아니다	2 다소 아니다	3 보통이다	4 다소 그렇다	5 매우 그렇다

번호	문항	점수
1	내가 맡고 있는 일을 매우 잘해서 다른 사람들에게 전문적인 조언을 해주고 싶다.	
2	다른 사람들의 일을 총괄하고 지휘할 수 있을 때 성취감을 느낀다.	
3	내 방식과 스케줄에 따라 일할 수 있는 충분한 결정권이 있는 일을 하고 싶다.	
4	나는 항상 내 사업을 하기 위한 아이디어를 구상한다.	

5	보장성과 안정성이 자유와 자율보다 더 중요하다.	
6	개인적이거나 가족과 관련된 일에 지장을 초래하는 업무를 맡게 되면 차라리 그 일을 그만두겠다.	
7	사회를 위해 실질적으로 기여했다고 느낄 때만 내 일에서 성공했다고 느낄 수 있을 것이다.	
8	항상 어려운 문제에 도전하도록 하는 일을 하고 싶다.	
9	나의 전문적 능력을 최고 수준에 올려놓아야만 성공했다고 느낄 것이다.	
10	나는 조직 전체의 총괄 책임자가 되고 싶다.	
11	나는 업무, 스케줄 및 진행 절차 등을 전적으로 자유롭게 정할 수 있는 일을 하고 싶다.	
12	조직 내에서 내 안전을 위협하는 일을 해야 한다면 그 조직을 떠나겠다.	
13	타인이 소유한 조직에서 최고경영자 위치에 오르기보다는 내 사업을 키워나가는 것이 더 중요하다.	
14	일하면서 타인을 위해 나의 재능을 사용할 때 가장 큰 성취감을 느낀다.	
15	나는 매우 어려운 도전에 직면하면 그것을 극복하여 성취감을 맛볼 때 내 커리어에서 성공했다고 느낀다.	
16	나는 나 자신과 가족, 일이 내 생활에서 균형을 이룰 수 있는 직업을 원한다.	
17	내 관심 분야의 전문가가 되는 것이 여러 분야의 총괄 관리자가 되는 것보다 더 매력적이라 생각한다.	
18	나는 일에서 전적으로 자율과 자유가 주어진 상황에서 목표를 달성할 수 있을 때 더 큰 성취감을 맛볼 수 있다.	
19	나는 무엇보다 보장성과 안정성이 높은 조직에서 일하고 싶다.	
20	내 능력과 노력의 결과로 무엇인가를 이룰 때 성취감을 만끽한다.	
21	나는 한 조직의 모든 일을 총괄하는 관리자가 되어야만 성공했다고 생각한다.	
22	더 나은 세상을 만들기 위해 내 기술을 활용하는 것이 내 커리어를 선택하는 데 가장 중요하다.	
23	나는 해결할 수 없을 것 같은 문제를 해결하고, 불가능해 보이는 것을 가능하게 만들었을 때 성취감을 느낀다.	

24	나는 개인, 가족 그리고 일을 추구할 때 적절한 균형을 유지하는 것이 진정한 의미의 성공적인 인생이라고 생각한다.	
25	나는 보장성과 안정성을 느낄 수 있는 일을 희망한다.	
26	내 전문 분야가 아닌 일을 맡게 된다면 차라리 조직을 떠나겠다.	
27	최고경영인이 되기보다는 개인적 삶과 직업 생활을 균형 있게 유지하는 것이 내게 더 중요하다.	
28	나는 인류와 사회에 실질적으로 기여할 수 있는 직업을 갖고 싶다.	
29	나의 아이디어와 기술로 내 사업을 만든다면 나는 성취감을 느낄 것이다.	
30	내 전문 분야에서 깊이 있는 전문가가 되기보다는 여러 분야를 넓게 아우르는 총괄 관리자가 되기를 더 희망한다.	
31	나는 규칙과 제약에 얽매이지 않고 내 방식대로 일할 수 있는 것이 매우 중요하다고 생각한다.	
32	나는 문제 해결 능력을 강하게 요구하는 일을 하고 싶다.	
33	나는 개인 사업을 꿈꾼다.	
34	다른 사람에게 도움이 되는 내 능력이 훼손되는 환경을 감내할 바에는 조직을 떠나겠다.	
35	내 전문 기술과 재능을 활용할 수 있는 일을 할 때 가장 큰 성취감을 맛볼 수 있을 것이다.	
36	나는 사장 같은 조직 총괄 관리자가 될 수 있는 경력에서 멀어지는 일을 맡을 바에는 차라리 조직을 떠나겠다.	
37	나는 재정적으로나 직업적으로 내게 완벽한 안정감을 줄 때 일에 몰입할 수 있고, 더욱 많은 성취감을 느낀다.	
38	나는 자율과 자유가 보장되지 않는 일을 하느니 차라리 조직을 떠나겠다.	
39	나는 언제나 개인이나 가족 문제에 최대한 지장을 주지 않는 직업을 찾으려 한다.	
40	고위 관리직을 맡게 되는 것보다는 해결하기 힘든 문제와 씨름하여 일을 마무리하는 것이 내게는 더 중요하다.	

채점 방법
1. 각 문항에 적은 점수를 다음 점수표에 옮겨 적는다.
2. 전체 40개 문항 가운데 자신을 가장 잘 표현하는 문항 5개를 찾아 각 문항 점수에 5점을 더한다. 예를 들면 7번 문항이 자신을 가장 잘 표현했다면 기존 점수 5점에 5점을 더해보자. 그렇게 계산해서 나온 10점이 최종 점수가 된다.
3. 각 행의 점수를 더하여 합계가 가장 높은 것이 자신의 유형이다.

번호	1	9	17	26	35	합계	전문성 추구형
점수							
번호	2	10	21	30	36	합계	리더십 추구형
점수							
번호	3	11	18	31	38	합계	자율성/독립성 추구형
점수							
번호	5	12	19	25	37	합계	안전/안정성 추구형
점수							
번호	4	13	20	29	33	합계	기업가적 창의성 추구형
점수							
번호	7	14	22	28	34	합계	봉사/헌신 추구형
점수							

번호	8	15	23	32	40	합계	도전 추구형
점수							
번호	6	16	24	27	39	합계	삶의 질 추구형
점수							

고용노동부와 한국고용정보원에서 운영하는 워크넷(www.work.go.kr)에서 다양한 직업 심리검사를 무료로 할 수 있으니 활용하길 권장한다.

내가 선호하는 성향은 무엇인가

성취지향형과 안정지향형의 차이

당신이 똑같은 의약품 광고 두 가지를 본다고 가정해보자. 첫 번째 광고의 카피는 "당신이 더욱 건강해집니다"이고, 두 번째 광고의 카피는 "당신의 건강을 지켜드립니다"이다. 어떤 카피가 마음에 드는가?

심리학자 토리 히긴스Tory Higgins는 사람들이 세상을 이해하고 행동하는 방식이 크게 둘로 나뉘며, 그 바탕에는 두 가지 성향이 있다는 조절 초점 이론regulatory focus theory을 주장한다. 두 가지 성향은 '성취지향형'과 '안정지향형'이다.[7]

성취지향형에게 가장 중요한 것은 말 그대로 '성취'다. 축구 경기에서 공격수가 득점을 갈망하듯, 성취지향형도 긍정적 결과를 추구한다. 세상을 낙관적으로 보고 자신의 성장을 꿈꾼다. 긍정적 결과를 얻기 위해서라면 어느 정도 위험을 감내하고 변화에 개방적이다. 긍정적 결과에 민감해서, 결과가 긍정적이면 즐거움과 만족을 느끼지만 현재 상태가 유지되거나 부정적인 결과를 접하면 불만족스러워한다.

반면 안정지향형은 '안정'을 최우선으로 행동한다. 축구 수비수가 실점을 싫어하듯, 안정지향형도 부정적 결과를 피하려고 애쓴다. 목표는 지금 상태를 안정적으로 유지하는 것이다. 그래서인지 위험한 일 근처에는 가지 않고 변화를 좋아하지 않으며 의무와 책임을 중요하게 여긴다. 부정적 결과에 민감하여, 부정적 결과를 피하면 안도감을 느끼지만 그렇지 못하면 초조해한다.

성취지향형과 안정지향형은 목표 달성을 위해 서로 다른 전략을 사용한다. 예를 들어 '이제부터 건강을 챙겨야지'라고 다짐한다면 성취지향형은 성취에 초점을 맞추므로 건강 증진에 도움이 되는 기회에 관심을 둔다. 그래서 의약품 광고 가운데 "당신이 더욱 건강해집니다"라는 카피에 눈길이 간다. 안정지향형은 안정을 중시하므로 건강이 나빠지는 위기를 피하는 데 신경 쓴다. 따라서 "당신의 건강을 지켜드립니다"라는 카피에 주목할 가능성이 크다. 즉, 성향에 따라 선택하는 메시지가 달라진다. 상대방의 성향을 이해하여 메시지를 달리하면 효과적으로 설득할 수 있다. 이 방법을 자신에게 적용할 수 있다.

두 성향의 특성을 좀 더 살펴보자. 목표와 변화 관리에서 성취지향형과 안정지향형은 세 가지 다른 특성을 보인다.

첫째, 목표 달성을 위해 행동하기 시작할 때 구별된다. 성취지향형은 새로운 목표를 과감하게 결단한다. 현재를 더 나은 상태로 변화시킨다는 생각에 동기부여가 된다. 예를 들어 '이번에는 꼭 자격증을 취득해야지!'라고 결심한다면 자격증은 성취해야 할 목표가 된다. 성취지향형은 추진력이 강해서 자격증 취득 관련 정보를 신속하게 찾고, 실행 계획을 세운다. 또한 변화에 개방적이므로 자격증을 위해 공부하는 과정에서 스트레스를 많이 받지 않는다. 여기까지는 너무 훌륭하다. 그런데 성취지향형은 시간이 지나면서 이전과 다른 모습을 보인다. 열정이 점점 식더니 결국 공부를 포기하기도 한다. 전반전에 힘을 다 쓴 공격수가 후반전에 체력이 급격히 떨어지듯, 성취지향형은 초반에 강하지만 뒷심이 약하다.

반면 안정지향형은 목표에 대한 의무감이 강하다. 목표를 반드시 달성해야 하는 대상으로 여긴다. 그래서인지 자격증 공부를 시작할 때 성취지향형보다 부담스러워한다. 자격증 취득이란 목표를 의무 사항으로 여겨서 많은 압박을 느끼기 때문이다. 여기까지는 조금 답답해 보일 수 있다. 그러나 안정지향형은 일단 시작하면 멈추지 않고 공부에 몰입한다. 안정지향형은 초반에는 느리지만 뒷심이 강하다. 두 성향은 특성이 다르지만, 자신의 특성을 강점으로 활용하여 목표를 달성한다. 시작은 성취지향형이, 유지는 안정지향형이 잘한다.

둘째, 유혹에 대처하는 방식이 다르다. 공부를 시작하면 끊임없이 유혹이 찾아온다. 평소에 크게 생각하지 않았던 친구와의 약속, 스포츠 중계, 게임 등 일상의 작은 유혹이 굳은 결심을 흔든다. 성취지향형은 유혹이 다가오면 목표를 세웠을 때의 초심을 생각하며 각오를 새롭게 한다. 반면 안정지향형은 유혹 자체를 피하려고 노력한다. 자격증 취득이란 목표를 방해하는 모임과 게임 등을 회피하는 전략이다. 안정지향형은 성취지향형보다 버티는 힘이 강해서 충동적으로 놀러 갈 가능성이 적다. 심지어 참는 것을 즐기는 사람이 있을 정도다.

셋째, 실패에 대처하는 방식이 다르다. 성취지향형과 안정지향형은 '실패'라는 개념을 다르게 생각한다. 성취지향형은 성취하지 못했을 때, 안정지향형은 현재 상태를 유지하지 못했을 때 실패했다고 인식한다. 성취지향형은 여러 번 실패하면 흥미를 잃고 몰입도가 낮아지지만, 안정지향형은 실패하면 오히려 몰입을 잘

한다. 그래서 히긴스는 안정지향형은 잘못될지도 모른다는 위기를 느낄 때 능력의 최대치를 발휘한다고 말한다.

사람은 실패하더라도 시간이 지나면 마음을 추스르는데, 두 성향은 여기서도 다른 면이 있다. 성취지향형은 자존감을 높게 유지하며 성취하겠다는 열정을 불러일으키지만, 안정지향형은 낮은 자존감을 보이며 경계심을 유지한다. 지금까지 살펴본 두 성향의 특징을 정리하면 다음 표와 같다.

■ **성취지향형과 안정지향형의 특징**

구분	성취지향형	안정지향형
핵심 가치	성취(희망과 성장)	안전(의무와 책임)
행동 목표	긍정적 결과 추구	부정적 결과 회피
성공과 실패의 기준	목표 성취 여부	현재 상태 유지 여부
결과에 대한 감정	긍정적 결과: 즐거움과 만족 부정적 결과: 실망	긍정적 결과: 안도감 부정적 결과: 초조감
변화에 대한 태도	개방적	폐쇄적
행동 특징	초반에 강하고 뒷심이 약함	초반에 느리지만 뒷심이 강함
유혹에 대한 대처	목표를 되새김	유혹 회피
실패에 대한 대처	몰입도가 낮아짐	몰입도가 높아짐

어떤 성향이든 꾸준한 관심이 중요하다

지금까지 성취지향형과 안정지향형의 특성을 살펴보았다. 히긴스에 따르면 우리는 두 가지 성향을 모두 갖고 태어나지만 사회 분위기와 양육 환경에 따라 달라진다. 열심히 공부하면 보상받을 수 있다는 성취지향 메시지를 들은 사람과, 사회에서 무시당하지 않으려면 열심히 공부해야 한다는 안정지향 이야기를 들으며 성장한 사람의 성향은 다를 수밖에 없기 때문이다.

자신의 성향을 이해하는 것은 중요하다. 성향을 충분히 이해하면 자신을 설득하여 원하는 행동을 할 수 있기 때문이다. 학습민첩성을 높이는 전략도 자신의 성향에 맞아야 효과적이다. 71쪽의 설문을 통해 자신의 성향을 파악해보자. 그 후 성취지향형과 안정지향형의 특성을 고려하여 자신에게 적합한 전략을 세워보자.

성취지향형에 가깝다면 초반보다 중반 이후에 신경을 써야 한다. 열정적으로 시작했지만, 마음대로 되지 않는 상황에 실망하면 열정이 식을 수 있다. 이때 성취지향형은 뒷심이 약하다는 점을 인정하면 충격이 덜할 것이다. 유혹이 다가오면 열정적으로 시작했을 때의 초심을 되새기며 각오를 다지고, 실패 기준을 조금 낮추면 부담을 덜 수 있다. 목표를 달성하지 못해도 어느 정도 성장했다면 절반의 성공을 거둔 것이다.

반대로 안정지향형에 가깝다면 시작할 때 집중해야 한다. 새로운 변화에 멈칫할 수도 있지만, 속상해할 필요는 없다. 안정지향형은 초반에 느리다는 점을 인정하면서 부담감을 줄이면 도움이 된다. 작은 것부터 시작해도 된다. 안정지향형은 일단 시작하기만 하면 꾸준히 실천할 확률이 높기 때문이다.

■ 나의 성향은 무엇인가?

다음 문항이 당신의 생각과 비슷하면 체크하세요.[8]

번호	문항	체크
1	나는 희망과 포부를 어떻게 이룰지를 자주 생각한다.	
2	나는 가끔 미래에 되고 싶은 이상적인 모습을 생각한다.	
3	나는 미래에 이루고 싶은 성공에 신경을 많이 쓰는 편이다.	
4	나는 어떻게 하면 목표를 달성할 수 있는지를 가끔 고민한다.	
5	나는 실패 예방보다 성공 성취를 더 추구한다.	
6	직장 생활의 목표는 높은 평가 결과를 받는 것이다.	
7	나는 꿈, 희망, 열망을 이루려는 성향이 강하다.	
8	나는 대체로 긍정적인 성과를 달성하는 것을 중시한다.	
9	나는 평소 희망하던 좋은 일이 나에게 실제로 발생하는 상황을 가끔 상상한다.	
10	나는 대체로 안 좋은 일을 예방하는 것에 신경을 쓴다.	

11	나는 책임과 의무를 다하지 못할지도 모른다고 걱정한다.	
12	나는 가끔 내가 나쁜 사람이 되면 어쩌나 하고 생각한다.	
13	나는 목표를 달성하지 못하면 어쩌나 하고 가끔 걱정하는 편이다.	
14	나는 평소에 염려하던 일이 나에게 벌어지는 상황을 가끔 상상한다.	
15	나는 무언가를 얻는 것보다 무언가를 잃지 않는 것이 더 중요하다.	
16	직장 생활의 목표는 평가 기준에 미달되지 않는 것이다.	
17	나는 의무, 책임, 책무를 다하려는 성향이 강한 사람이다.	
18	나는 실패를 예방할 방법에 대해 자주 생각하는 편이다.	

채점 방법

성취지향형(1~9번 문항)과 안정지향형(10~18번 문항) 가운데 더 많이 체크한 것이 자신의 성향이다. 문항 수가 같거나 하나 차이면 두 성향이 비슷하다고 볼 수 있다.

강점을 발견하고 강화하라

탁월한 리더들은 왜 강점에 집중하는가

축구 역사상 최고의 선수로 인정받는 리오넬 메시Lionel Messi에게도 약점이 있었다. 작은 신장과 왼발잡이라는 사실이다. 보통 선수들은 약점을 보완하기 위해 노력한다. 메시는 달랐다. 자신의 강점인 정교한 드리블과 왼발 슈팅을 갈고닦았다. 강점으로 단점을 극복하겠다는 전략을 선택한 것이다. 그 결과 최고의 축구 선수에게 수여하는 '발롱도르Ballon d'or'라는 상을 여덟 번이나 받았다. 역대 최다 수상 기록이다. 또한 2023년에 통산 800골을 달성했는데, 그 가운데 90퍼센트 이상을 왼발로 넣었다.

골프 천재로 불리던 타이거 우즈Tiger Woods도 같은 전략을 사용했다. 그의 약점은 벙커 탈출이었다. 그러나 그는 자신의 강점인 스윙과 롱 드라이브 연습에 많은 시간을 투자했다. 스윙과 롱 드라이브가 좋아지면 벙커에 빠질 확률이 낮아진다고 판단했기 때문이다. 강점에 집중하자 성적이 향상되기 시작했다.

누구에게나 강점과 약점이 있다. 강점 강화는 좋은 전략인 것 같은데, 왠지 약점도 보완해야 할 것 같아서 신경이 쓰인다. 강점 강화와 약점 보완 중 어느 쪽이 더 효과적일까?

리더십 전문가 존 맥스웰John Maxwell은 탁월한 성과를 낸 리더들이 시간을 어디에 사용하는지를 분석했다. 결과에 따르면 뛰어난 리더들은 강점을 강화하는 데 시간의 70퍼센트를 투자했다. 그리고 새로운 것을 학습하는 데 25퍼센트를 할애했고, 약점 보완에는 5퍼센트만 사용했다.9 탁월한 리더들도 리오넬 메시와 타이거 우즈처럼 강점에 집중한 것이다. 피터 드러커Peter Drucker도 강점 위에 자신을 구축하라며 강점 강화를 강조했다.

이솝 우화 중 하나인 〈토끼와 거북이〉를 강점 강화의 관점으로 생각해보자. 토끼는 거북이와 달리기 시합하는 도중 낮잠을 자는 바람에 거북이에게 졌다. 그런데 시합을 다시 하면 누가 이길까? 당연히 토끼가 이길 것 같다. 한 번 실수했던 토끼가 이번에는 제대로 뛸 것 같기 때문이다. 시합을 열 번 더 해도 토끼가 모두 이길 것 같다. 그렇게 생각하니, 쉬지 않고 묵묵히 걷는 거북이가 안쓰러워진다. 성실한 거북이가 이길 방법은 없을까? 거북이는 두 가지 방법을 선택할 수 있다. 하나는 단점을 보완하기 위해 달리기 연습을 더 열심히 하는 방법이고, 다른 하나는 강점을 발휘할 수 있는 종목으로 시합하는 방법이다. 그렇다. 거북이는 헤엄을 잘 친다. 거북이가 수영으로 시합하면 이길 수 있다. 옆에서 훈수 두듯 지켜보면 강점 강화가 좋은 방법인 줄 알겠는데, 정작 당사자는 그 상황을 파악하지 못하는 경우가 많다. 사실 나도 그랬다. 나의 강점을 모른 채 약점 보완에만 치중했다.

나의 약점 중 하나는 영어 회화다. 읽기와 쓰기는 어느 정도 하겠는데, 말하기와 듣기는 자신이 없다. 어쩌다 외국인을 만나면 당황스럽고 어쩔 줄 몰랐다. 영어 회화를 잘하는 사람들이 부러웠다. 그래서 몇 년 동안 새해가 되면 영어 회화를 공부하겠다고 다짐했다. 실제로 2년 동안 전화 영어와 온라인 과정으로 학습했다. 퇴근 후에 공부하려니 힘들었지만, 영어에 대한 마음의 응어리를 풀기 위해 꾸준히 했다. 2년 후 나의 영어 회화 실력은 늘었을까? 거의 비슷했다. 공부하지 않았다면 점수가 떨어졌겠지만, 공부해서 비슷한 수준을 유지했던 것 같다. 솔직히 허무했다. 처음에는 2년 동안 공부하면 실력이 눈에 띄게 향상할 거라 기대했는데, 결과가 그렇지 못해 속상했다. 그리고 영어 공부에서 손을 뗐다.

강점을 진단하는 두 가지 방법

그 후 다양한 책을 읽으면서 강점 강화 전략을 알게 되었다. 약점이 치명적이라면 어느 정도 보완해야 하지만, 약점 보완보다는 강점 강화가 효과적이라는 내용이었다. 생각해보니 영어 회화는 내게 치명적인 약점이 아니었다. 내가 하는 일에는 영어 회화가 그리 필요하지 않았고, 설령 필요한 상황이 생겨도 영어를 잘하는 동료들에게 부탁할 수 있었다. 그리고 약점을 보완한다고 강점이 되지는 않을 것 같았다. 영어 회화 공부에 투자했던 2년이 아까웠다. 그 2년을 강점에 투자했다면 어땠을까?

그래서 나도 강점을 찾기로 마음먹고 갤럽 강점 진단cliftonstrengths과 VIA 강점 척도Value in Action Inventory of Strength 검사를 해보았다. 갤럽 강점 진단으로 찾은 강점은 배움과 성취였고, VIA 강점 척도 검사에서 찾은 강점은 학구열과 감사였다. 두 진단에서 강점으로 추천한 배움과 학구열은 사실상 같은 의미다. 나의 강점은 배움이고, 나는 배운 것을 성취하고, 그 과정과 결과에 감사하는 존재라는 사실을 알게 되었다.

강점을 강화하는 방법을 고민하던 나는 공부한 내용을 정리해서 글을 쓰기 시작했다. 강점에 집중하니 즐거웠다. 공부한 내용을 다른 사람들과 나누는 행위 자체가 기분 좋았고, 전달한 내용이 자신의 성장에 도움이 되었다는 피드백을 받으면 가슴 뿌듯했다. 강점 강화를 실천하다 보니 어느새 두 번째 책을 출간했고, 아직 많이 부족하지만 즐겁게 성장하고 있다.

강점을 강화하려면 먼저 자신의 강점이 무엇인지 파악해야 한다.

"저는 잘하는 게 없어요."

코칭하면 이런 이야기를 여러 번 듣는다. 자신의 강점을 모르는 사람이 의외로 많다. 그런데 자신에게 강점이 없다는 사람들의 강점을 진단하면 '겸손'인 경우가 있다. 지나치게 겸손해서 강점이 없다고 말하는 것이다. 내가 직접 활용한 강점 진단 방법을 더 구체적으로 소개한다.

갤럽 강점 진단은 여론 조사 기관 갤럽에서 개발한 진단 도구로, 34개 강점을 4개 영역으로 나눈다. 4개 영역과 영역별 강점은 다음과 같다.

- **실행력**: 공정성, 정리, 복구, 집중, 성취, 책임, 신념, 체계, 심사숙고
- **영향력**: 사교성, 주도력, 승부, 최상화, 자기 확신, 커뮤니케이션, 존재감, 행동
- **대인관계 구축**: 개발, 적응, 개별화, 절친, 공감, 포용, 긍정, 화

합, 연결성

- **전략적 사고**: 미래 지향, 수집, 발상, 전략, 배움, 지적 사고, 분석, 회고

갤럽 강점 진단은 갤럽 홈페이지(gallup.com/cliftonstrengths)에서 유료 결제 후 이용할 수 있다. 유료이기 때문인지 진단 결과가 상세하다. 강점에 대한 기본 내용과 개인의 특성을 소개하고, 강점을 극대화하는 방법을 제시한다.

이 진단을 활용하면 34개 강점과 상위 5개 강점 두 가지를 알아볼 수 있다. 또한 갤럽프레스의 《위대한 나의 발견 강점혁명 Strengthsfinder 2.0》을 구매하면 책에 있는 ID 코드로 강점 검사를 무료로 할 수 있다. 갤럽 홈페이지에서 결제하는 금액보다 저렴하며, 진단은 물론 강점에 대해 상세히 설명하는 책까지 얻을 수 있어 경제적이다.

VIA 강점 척도는 심리학자 크리스토퍼 피터슨 Christopher Peterson과 마틴 셀리그먼 Martin Seligman이 개발한 도구로, 24개의 강점을 6개 영역으로 구분한다.[10] 6개 영역과 영역별 강점은 다음과 같다.

- **지혜**: 창의성, 호기심, 판단력, 학구열, 통찰

- **인간애**: 사랑, 친절, 사회성
- **용기**: 용감성, 끈기, 진실성, 열정
- **정의**: 시민 의식, 공정성, 리더십
- **절제**: 용서, 겸손, 신중성, 자기 조절
- **초월성**: 심미안, 감사, 희망, 유머, 영성

이 진단은 VIA 홈페이지(viacharacter.org)에서 무료로 테스트할 수 있다. 진단 결과의 기본 내용은 무료로 확인할 수 있으며, 더욱 자세한 결과를 보려면 유료 결제를 하면 된다.

학습민첩성이 높은 사람은 자신의 강점과 약점을 잘 알고, 강점을 효과적으로 활용한다. 자신의 강점을 잘 파악하고 강화한다면 큰 도움이 될 것이다. 당신의 강점은 무엇이며, 어떻게 키울 것인가?

3장

성장의 가능성을 찾을 수 있는가

: 끝까지 해내는 힘을 키우기 위한 '성장 의지'

안주할 것인가, 성장할 것인가

경력 3년 차 직장인의 고비

"이 분야의 전문가로 성장하고 싶습니다."

채용 면접에서 자주 듣는 지원자들의 다짐이다. 합격했다는 기쁨과 함께 부서에 배치된 신입 사원은 새로운 업무를 열정적으로 배운다. 선배가 알려주면 스펀지처럼 흡수하며 쑥쑥 성장한다. 게다가 새로운 동료와 일하는 분위기까지 마음에 든다면 더할 나위 없을 것이다. 2년 차가 되면 대부분의 일을 작년에 해봤으니 크게 당황하지 않고 처리한다. 이전보다 주도적으로 일하면서 자신감이 생기고 성취감도 높아진다. 3년 차에 접어들면, 이제는 업무와 분위기에 적응했고 어느 정도의 여유가 생긴다. 또한 기본 업무는 어렵지 않게 처리할 수 있는 수준으로 성장한다. 이때쯤 두 가지 갈림길이 나타난다.

첫째는 현재에 안주하는 길이다. 입사해서 3년 동안 빠르게 성장했는데, 이 길에 들어서는 순간 성장 속도가 급격히 느려지거나 심지어는 멈추기도 한다. 많은 사람이 여러 이유로 이 길을 선택한다. 먼저 3년 경력이면 업무 대부분을 처리할 수 있어서 일이 크게 불편하지 않다. 어쩌다 접하는 어려운 업무는 선배나 부서장에게 물어보면 된다. 한편으로 열심히 실력을 키우면 맡게 될 어려운 업무가 부담스럽다. 어려운 일 때문에 힘들어하는 선배처럼 살고 싶지 않다. 남들처럼 편하게 살고 싶다. 마지막으로, 성장 의지가 있어도 배울 곳이 마땅치 않다. 그 분야를 꿰뚫는 전문가 수준의 선배가 별로 없고, 책이나 교육을 살펴봐도 입문자를 위한 수준이 대부분이어서 원하는 것을 찾기 어렵다. 이처럼 다양한 이유로 3년 차 이후 많은 사람의 성장 속도가 정체된다.

둘째는 성장으로 가는 좁은 길이다. 좁은 길이 암시하듯 선택하는 사람이 많지 않다. 강물을 거슬러 올라가듯 관성에 역행하기 때문이다. 이들은 남이 시키지 않는데도 스스로 공부하고 시행착오를 거쳐 성장하는 길을 택했다. "무슨 부귀영화를 누리겠다고 그렇게 애쓰며 사니?"라는 주변의 시선에도 아랑곳하지 않고 자신의 성장으로 향하는 길을 묵묵히 걷기란 생각보다 쉽지 않다. 이들은 3년 차 실력에 머무르지 않고 더 수준 높은 전문성을 갖추기 위해 다양하게 노력한다. 지금도 귀한 시간을 독서에 투자하고 있는 당신은 이미 좁은 길을 선택한 사람이다. 그런 당신을 존경하고 응원한다.

사람들이 서로 다른 길을 선택하는 이유는 무엇일까? 심리학자 캐럴 드웩Carol Dweck은 마음가짐이 다르기 때문이라고 말한다. 《마인드셋Mindset》에서 드웩은, 성공 가능성이 적은 '고정형 마음가짐'과 성공 가능성이 큰 '성장형 마음가짐'을 소개한다.[1] 고정형 마음가짐을 지닌 사람은 능력이란 눈동자 색처럼 타고난 것이므로 변하지 않는다고 생각한다. 노력한다고 달라지진 않으므로 성장을 위한 노력을 헛수고라고 여긴다. 그런데 이들은 타고난 능력이 뛰어난 사람으로 보이기를 원한다. 그래서 자신이 모른다는 사실이 드러나는 상황을 감추기 위해 질문하지 않으며, 무언가에 도전했다가 실패하면 무능력이 드러나기 때문에 도전할 이유가 없다고 생각한다. 그래서 두 갈림길에서 현재에 안주하는 길을 선택했을 가능성이 크다.

반면 성장형 마음가짐을 지닌 사람은 능력이란 근육과 비슷해서 노력으로 발달시킬 수 있다고 생각한다. 노력을 완성을 위한 도구로 여기며, 시간이 걸리더라도 노력한다. 이들은 더 배우고 성장하려는 욕구가 강하다. 그래서 적극적으로 질문하고 학습한다. 도전하면 결과와 관계 없이 경험을 축적하여 성장할 수 있으며, 실패해도 포기하지 않으면 성공할 수 있다고 믿으므로 계속 도전한다. 이들은 앞의 갈림길에서 성장으로 가는 길을 선택했을 가능성이 크다.

드웩에 따르면 사람은 고정형과 성장형 마음가짐을 모두 가지고 있다. 노력하여 성장하고 싶은 마음과, 고생하지 않고 편히 지내고 싶은 마음은 공존한다. 그러니 자신이 가진 고정형 마음가짐을 인정하고 성장형 마음가짐으로 유도하는 지혜가 필요하다.

성장으로 가는 5단계

성장으로 가는 길을 선택한 사람들은 어떤 과정을 거칠까? 철학자 휴버트 드라이퍼스 Hubert Dreyfus 와 수학자 스튜어트 드라이퍼스 Stuart Dreyfus 형제는 비행기 조종사, 체스 게임 선수, 성인 외국어 학습자 등 다양한 사람이 기술을 습득하며 성장하는 과정을 연구했다. 이들은 성장 과정을 초보자, 상급 초보자, 능숙자, 숙련자, 전문가 등 5단계로 구분했다.[2]

초보자는 매뉴얼대로 일할 수 있지만 스스로 판단하기는 어려운 단계다. 이 과정에서는 객관적 사실을 파악하고 행동하는 규칙을 배운다. 초보자들은 주변 상황보다 객관적 사실에 초점을 맞춘다. 예를 들어 자동차 운전을 배우는 초보자는 핸들과 브레이크 등을 사용해서 운전하는 법을 배우지만, 교통량과 같은 주변 상황을 고려하지 못한다. 초보자는 일을 잘하고 싶지만 업무를 전체적으로 파악하지 못해서 업무 매뉴얼에 따라 처리한다.

상급 초보자는 초보자 때보다 여유 있게 일한다. 매뉴얼대로만 하지 않고 자신만의 방법을 조금씩 만들어간다. 구체적인 상황에서 실제 업무를 경험하면서 주변 상황이 눈에 들어오기 시작한다. 이전보다 자신감이 생겼지만, 문제 해결은 아직 어렵다. 상급 초보자인 운전자는 초보자 때는 보이지 않던 주변의 교통 상황을 알 수 있지만, 갑자기 시동이 꺼지거나 사고가 나는 등 응급 상황이 발생하면 당황해서 어쩔 줄 모른다. 긴급 상황에 대처해본 경험이 부족하기 때문이다.

능숙자는 문제를 찾아 해결할 수 있다. 많은 경험을 통해 실력이 향상했기 때문이다. 이들은 먼저 상황을 파악하여 업무를 계획하고 우선순위를 정해 처리한다. 능숙자인 운전자는 목적지까지의 거리와 교통량 등을 고려하여 경로를 선택할 수 있다. 그런데 운전 실력이 어느 정도 늘면 방심하다가 교통법규를 위반하거나 사고를 당할 수 있으므로 주의가 필요하다. 초보자와 상급 초보자는 규칙과 절차를 따르기 때문에 책임감을 덜 느끼지만, 능숙자는 일의 우선순위를 정하면서 책임감을 느끼기 시작한다.

숙련자는 단순히 규칙을 따르기보다 다양한 대안을 성찰하여 의식적으로 목표를 수립하고 의사 결정을 한다. 풍부한 경험을 쌓은 숙련자는 현재 상황을 과거 경험과 비교하면서 비슷한 점을 찾아 적절하게 대처한다. 이전보다 업무의 전체적인 그림을 보면서 분석적으로 생각한다. 숙련자인 운전자는 비 오는 날 커브 길을 운전하면서 자신이 너무 빨리 운전한다는 사실을 알아채고 의식적으로 브레이크를 밟는다.

전문가는 최고 수준의 전문성을 바탕으로 상황을 고려하여 행동한다. 언어로 표현할 수 없는 암묵지를 사용하여 문제를 해결하며, 의사 결정을 할 때는 이전에 사용했던 분석적 방법이 아닌 직관적인 방법을 사용한다. 방송에 소개되는 전문가들에게 비결을 물어보면 말로는 설명할 수 없는 자신만의 느낌이 있다고 말하는데, 바로 이것이 직관이다. 전문가는 지식과 기술이 자신의 일부가 되어 자연스럽게 행동한다. 숙련자는 어떻게 해야 할지를 의식적으로 결정하지만, 전문가는 의식하지 않아도 이해하고 행동할 수 있다. 전문가인 운전자는 자동차를 운전한다고 생각하기보다는 자동차가 자신의 일부라고 여긴다.

3년 차 직장인은 지금까지 살펴본 5단계 가운데 어디쯤일까?

사람마다 다르겠지만 상급 초보자가 많을 것이다. 조금만 더 성장하면 문제를 해결할 수 있는 능숙자가 될 수 있다. 그리고 꾸준히 노력하면 숙련가를 거쳐 전문가로 성장할 수 있다. 많은 사람이 인생의 갈림길에서 성장으로 가는 길을 선택하길 바란다. 갈림길은 3년 차에만 나타나지 않고 평생 우리 앞에 있으며, 현재에 안주하는 길에 있어도 언제든지 성장하는 길로 이동할 수 있다. 당신은 앞으로 어느 길을 걸을 것인가?

경력 관리에도
전략이 필요하다

정년보다 성장, 달라진 시대의 커리어 이야기

직장 생활 15년 차 김 매니저는 현재 일곱 번째 이직한 회사에 다니고 있다. 그는 대학을 졸업한 다음 취업 정보 회사에 입사해서 취업 교육을 담당하다가 교육 컨설팅 일을 하고 싶어졌다. 그래서 그다음에는 컨설팅 회사로 이직했지만, 그가 원하던 교육 업무를 할 수 없는 상황이어서 교육 스타트업으로 이직했으나 회사가 경영난을 겪어 문을 닫게 되어 일을 그만두게 되었다.

그는 교육 컨설팅 회사에 입사해 자신이 원하던 교육 업무를 맡을 수 있었다. 일을 하다보니 전문성이 부족하다고 느끼고 대학원에 입학하여 직장 생활과 학업을 병행했다.

이후 건설 회사와 카지노를 운영하는 대기업 교육팀에 들어갔으나, 건설 경기 악화와 코로나19로 인한 경영 악화로 각각 그만두게 되었다. 그 사이 석사와 박사 학위를 취득한 김 매니저는 현재 종합 유통 대기업에서 인재 개발 리더로 근무하고 있다.

그는 자신의 경력을 회상하며 이렇게 말했다.

"지금까지 처우보다는 전문성을 쌓기 위해 이직했어요. 첫 회사를 계속 다녔으면 이렇게까지 용쓰면서 힘들게 살지 않았을 거라는 후회도 들어요. 그래도 이직했기에 현재에 안주하지 않고 공부와 다양한 경험을 한 결과, 이제는 어떤 문제도 해결할 수 있다는 자신감이 생겼어요. 얼마 전 첫 직장의 팀장님이 제게 기특하다고 말해줬을 때 기분이 좋았어요."

첫 직장에서 계속 일해온 나와는 사뭇 다른 그의 이야기를 들으며 신기하면서도 멋지다고 생각했다. 이처럼 최근에는 이직 등 경력에 대한 직장인들의 생각이 많이 바뀌었다.

과거에는 한 직장에서 오랫동안 일하다가 맞이하는 정년퇴직을 미덕으로 여기는 사람이 많았다. 당시 환경은 상대적으로 예측 가능하고 안정적이었다. 그래서 개인과 조직 사이에 끈끈한 심리적 계약이 존재했다. 조직은 개인에게 고용 안정을 보장했고, 개인은 조직에 몰입했다. 개인의 경력 관리도 조직이 책임졌다. 개인은 직장에서 제공하는 교육을 받으며 경력을 쌓아갔다. 회사의 방침을 따르면 고용 보장과 성장을 모두 얻을 수 있었다. 학교를 졸업하면서 직장을 선택했고, 특별한 일이 없으면 그곳에서 오래 일했다. 이직하는 사람은 드물었다. 많은 사람이 일하면서 고위직으로 승진하고 그에 따라 연봉이 오르는 과정을 성공으로 생각했고, 정년퇴직을 명예롭게 여기며 인생의 목표로 삼아왔다.

그런데 세상이 달라졌다. 현재 일의 환경은 예측 불가능하고 역동적이다. 개인과 조직의 관계도 변했다. '평생직장'이란 단어는 과거에나 통하는 말이 되었다. 조직은 개인에게 성장 기회를 제공하지만 고용 안정을 보장하기는 어렵다. 개인도 조직만 바라보지 않고 자기 일에 집중한다. 개인의 경력 관리를 이제는 조직에만 의지할 수 없다. 자기 스스로 책임지고 결정해야 한다.

그래서 직장인들은 조직에서 제공하는 교육 외에 필요한 내용을 찾아서 학습한다. 과거에 한두 번 하던 이직도 이제는 여러 번 하는 게 더 자연스러운 시대가 되었다. 원하는 직장이 생기면 그곳으로 옮기면서 경력을 이어가는 사람이 늘었다. 이들은 한 직장에 오래 다니지 않으므로 승진보다는 일과 직장에 대한 만족과 의미를 성공으로 생각하며, 어디로든 이직할 수 있는 경쟁력을 자랑스럽게 여긴다.

앞에서 소개한 김 매니저 또한 하고 싶은 일을 좇아 직장을 여러 번 옮기며, 자신이 궁극적으로 하고 싶은 일에서 만족과 의미를 찾기 위해 도전했다. 당신은 경력에 대해 어떻게 생각하는가? 만약 지금 하고 있는 일이 만족스럽지 않고 의미가 없다고 생각된다면 어떻게 생각을 전환할 수 있을까?

만약 나의 경력을 단어에 비유한다면

"내 마음은 호수요." 예전에 배웠던 시구절이다. 이 시를 다시 보니 마음을 촛불, 나그네, 낙엽으로도 묘사했다. 천천히 읽어보니 '마음'이란 단어가 이전과 다르게 느껴졌다. 이처럼 어떤 단어를 생각할 때 그 단어로 직진하지 않고 연관되는 다른 단어로 묘사하는 은유를 사용하면 그동안 생각하지 못했던 의미를 다양한 관점으로 풍부하게 음미할 수 있다. 경력에도 은유를 적용할 수 있다.

'경력'이라고 하면 무엇이 떠오르는가? 나는 여행과 계단이 생각난다. 때로는 힘들지만 일하며 배우고 성취하면서 즐거움을 느끼는 과정이 여행과 유사하고, 노력한 만큼 한 단계씩 성장하는 모습이 계단과 비슷해서 두 단어를 골랐다.

경영학자 커 잉크슨Kerr Inkson은 경력을 아홉 가지 은유로 설명한다.[3] 어떤 은유가 가장 어울리는지 생각하며 살펴보면 재미있을 것이다.

첫째는 유산legacy이다. 경력이 유산처럼 대물림된다는 관점이다. 대를 이어 같은 직업을 가질 수 있으며, 그러지 않더라도 다양한 방식으로 가족의 영향을 받는다. 유전적으로 물려받은 지능과 심리적 특성은 물론 가족의 사회경제적 지위와 직업, 지역, 교육 방식 등은 자녀의 직업 선택에 영향을 준다. 어릴 적부터 가족의 직업이 좋아 보여서 같은 길을 가거나, 반대로 그 직업을 선택하지 않는 상황 모두 가족의 영향을 받은 결과다.

둘째는 공예craft다. 경력은 개인이 스스로 만들어가는 작품이다. 사람들은 일을 통해 자신의 이상형을 실현하려고 노력한다. 원하는 직업을 선택하고, 원하는 방식으로 경력이라는 자신만의 작품을 만들어간다. 경력 개발 과정에서 자신의 내부와 외부를 바라보며 계획하고 끊임없는 학습과 실천을 통해 경력을 만들어가는 것과 유사하다.

셋째는 계절seasons이다. 예전부터 많은 사람이 인간의 삶을 순환으로 여겼는데, 경력도 계절처럼 순환한다고 보는 것이다. 어떤 학자는 경력을 초기, 중기, 후기로 구분하며, 다른 학자는 탐색, 방향, 중년의 전환, 유지와 같이 나이에 따라 순차적으로 설명한다. 삶을 계절로 바라보면 직업을 선택한 후 기본기를 쌓는 20대까지를 봄, 열정적으로 일하는 40대까지를 여름, 그동안 노력한 결실을 거두는 60대까지를 가을, 후세에게 지혜와 사랑을 나눠주는 그 이후를 겨울이라 할 수 있다.

넷째는 매칭matching이다. 경력도 궁합이 맞아야 한다는 의미다. 이 개념은 예전부터 직업 적성검사에 사용되었다. 경력에서는 크게 두 가지 매칭이 중요하다. 하나는 개인과 직업의 매칭이다. 적성과 맞는 직업을 선택해야 즐겁게 일하면서 원하는 경력을 만들어갈 수 있다. 다른 하나는 개인과 조직의 매칭이다. 자신에게 맞는 직업을 선택했더라도 조직에 적응하기 힘들다면 성과를 내기 어렵기 때문이다.

다섯째는 경로path다. 장소를 이동하는 여행과 경력이 비슷하다는 관점으로, 경력에 대한 은유 가운데 가장 흔하다. 그래서 나도 경력을 생각했을 때 여행을 떠올린 것 같다. 여행은 목적지가 있거나 없을 수 있으며, 빨리 가거나 천천히 갈 수 있고, 계획한 경로대로 가거나 수정할 수 있다는 점에서 경력과 비슷하다. 경력경로, 경력 이동 등의 경력 개발 용어도 경로 비유와 연결된다.

여섯째는 네트워크network다. 경력에서는 만남과 관계가 중요하다. 우리는 끊임없이 사람들을 만나고 관계 맺으면서 경력을 만들어왔으며 앞으로도 그럴 것이다. 경력이 여행이라면 그것은 혼자가 아닌 여럿이서 하는 여행이다. 직업을 선택하고 성장하는 과정에서 사람들의 영향을 받으며, 다양한 네트워크를 통해 지식과 정보를 공유하고 서로 돕는 관계를 유지한다. 더 나아가 네트워크를 활용하여 평판을 구축하고 자기 홍보를 할 수 있다.

일곱째는 극장theater이다. 경력을 극장의 다양한 역할로 이해하는 관점이다. 직장인은 고용주, 부서장, 동료, 외부 고객, 협력사, 외부 기관 등이 기대하는 역할에 부응하며 경력을 쌓아간다. 시간이 지나면서 외부와 내부 고객의 기대가 변하고, 때로는 자신의 역할이 부담스러운 역할 과부하와, 다양한 역할 사이에서 발생하는 역할 갈등을 경험하기도 한다. 우리는 직장인이자 가족 구성원, 모임의 회원으로 다양한 역할을 소화한다.

여덟째는 경제economic다. 경력은 경제적 부를 창출하는 자원이다. 과거 경영학에서는 사람을 인건비라는 비용으로 보았지만, 이제는 비용이 아닌 자원이나 자산으로 인식한다. 조직에서도 사람을 '인재' 또는 '가장 중요한 자산'으로 본다. 중요한 자원을 보호하고 키우기 위해 조직은 다양한 교육 과정과 경력 워크숍, 평가 센터, 코칭 등을 제공한다. 이러한 노력은 개인과 조직의 성장에 긍정적인 영향을 준다.

아홉째는 서술narrative이다. 경력을 이야기로 보는 것이다. 경력에 대한 이미지는 주로 이야기로 형성된다. 우리는 경력에 관해 가족에게 이야기하고, 친구와 밥 먹으며 자랑하며, 이력서에 정리해서 쓰기도 한다. 그런데 우리 이야기는 얼마나 정확할까? 기억이 정확하지 않거나, 자신의 가치를 높이기 위해 과장이나 편집할 수 있다. 특히 다른 곳에서 들은 이야기를 전달할 때는 더욱 그럴 수 있으므로 주의할 필요가 있다.

지금까지 소개한 아홉 가지 가운데 어떤 은유가 가장 마음에 드는가? 마음에 드는 것이 없다면 자신만의 은유를 생각해보면 좋을 것이다.

뛰어난 실력자는 문제를 빨리 해결한다

실력자의 세 가지 무기

'실력자'라고 하면 누가 떠오르는가? 실력자는 자기 분야에서 뛰어난 실력을 갖춘 사람이다. 유명 운동선수나 의사가 생각날 수도 있다. 언론 매체에서 달인, 장인, 고수, 능력자, 전문가, 끝판왕 등으로 소개하는 사람들은 모두 뛰어난 실력을 갖췄다. 방송에 출연한 어느 자동차 정비 명장은 자동차 엔진 소리만 듣고도 고장 원인을 찾아냈다. 드라마 속 외과 의사는 환자를 살린다는 신념과 의학 지식, 그리고 풍부한 경험을 바탕으로 어려운 수술에 성공한다.

유명 요리사도 떠오른다. 그는 재료의 상태를 오감으로 판단하고, 각각의 재료에 맞는 최적의 조리법을 깊이 연구하여 고객의 입맛을 사로잡는 요리를 완성한다. 화려한 퍼포먼스보다 한 접시의 완성도를 위해 수많은 실험을 반복하는 모습에서 진정한 장인의 태도를 느낄 수 있다. 때로는 다른 요리사에게 쓴소리를 하지만, 좋은 음식을 만든다는 마음으로 조언을 아끼지 않는다. 일하는 분야는 다르지만 실력자들은 세 가지 공통점이 있다. 나는 그것을 '실력자의 무기'라고 부른다.

첫째, 일에 대한 마음가짐이 남다르다. 환자를 살리겠다는 외과 의사, 자동차를 고치겠다는 정비 명장, 최고의 요리를 완성하겠다는 요리사는 돈을 벌기 위해서만 일하지 않는다. 명확한 의미를 마음에 담고 일한다. 자기만의 마음가짐은 일에 열정을 갖고 꾸준히 노력하여 실력을 쌓는 원동력이 된다. 일의 의미를 이해할 때 스스로 동기부여가 되고, 어려움을 극복하는 힘이 생기기 때문이다. 능력이 아무리 뛰어나도 일에 대한 가치관이 정립되지 않았다면 진정한 실력자라고 말하기 어렵다. 가끔 언론에 보도되는 전문직 종사자나 직장인의 비윤리적 행위는 직업 가치관이 정립되지 않았거나 훼손되어 발생한다고 볼 수 있다.

일에 대한 마음가짐을 명확히 하려면 먼저 자신을 이해해야 한다. 실력자들은 자신이 무엇을 원하는지, 무엇을 잘하고 못하는지 등을 훤히 안다. 그래서 자신이 잘하는 것에 집중하고, 못하는 부분은 다른 사람에게 부탁한다. 또한 성장 목표를 세우고 이를 달성하기 위해 무엇을 해야 하는지를 파악한다. 이처럼 실력자는 자기 이해를 바탕으로 명확한 이유를 갖고 일한다. '나는 왜 이 일을 하는가?', '나는 무엇을 잘할 수 있는가?' 이 질문에 명확하게 답할 수 있다면 자기 일에 자부심과 행복을 느낄 수 있다.

둘째, 지식과 경험을 바탕으로 문제를 해결한다. 외과 의사는 의학 지식과 수술 경험을 바탕으로 응급 환자를 살려내고, 정비 명장은 자동차에 대한 지식과 정비 경험을 바탕으로 차를 수리한다. 문제 해결에 필요한 지식과 경험 가운데 지식을 먼저 살펴보자. 지식은 말과 글로 표현할 수 있는 형식지explicit knowledge와, 말과 글로 표현하기 어려운 암묵지tacit knowledge로 구분된다. 실력에서는 형식지보다 암묵지가 중요한 역할을 한다. 실력자는 자신만의 비법을 암묵지 상태로 갖고 있다. 그래서 그들의 실력을 배우기 어려운 것이다.

또한 실력자는 경험이 풍부하다. 스웨덴 심리학자 안데르스 에릭슨Anders Ericsson은 최고 수준의 실력을 갖추기 위해서는 보통 1만 시간 또는 10년 이상의 노력이 필요하다는 '1만 시간의 법칙'을 주장했다.[4] 여기서 이런 물음이 떠오른다. '어! 이상하다. 나도 10년 이상 일했는데 왜 실력자가 아닌 것 같지?' 해답은 경험의 양이 아닌 질에 달려 있다. 같은 경험을 단순히 반복해서는 높은 수준의 실력에 도달할 수 없다. 경험을 돌아보고 성찰하며 개선하려는 노력이 필요하다. 실력자는 초보자보다 경험에 대한 성찰을 많이 한다.

지식과 경험이 아무리 많아도 문제를 해결하지 못한다면 실력자로 인정받기 어렵다. 자동차를 수리하지 못하는 정비 명장과 요리를 못하는 최고 요리사를 상상하기 어려운 이유다. 실력자는 문제가 무엇인지를 명확하게 파악하고, 원인을 분석하여 해결 방법을 찾아 문제를 해결한다. 실력자는 초보자보다 문제를 단순하게 이해하고 빨리 해결하며 실수가 적다. 결국, 실력자는 문제를 해결하는 사람이다.

셋째, 네트워킹을 통해 함께 성장한다. 실력자는 자기 일을 도와줄 수 있는 사람을 알고 있으며, 그들과 소통하며 발전적인 협력관계를 유지한다. 외과 의사는 동료 의료진과 협업하여 문제를 해결하며, 요리사도 다양한 사람들과 네트워킹하며 요리를 발전시킨다. 네트워킹은 먼저 자신을 이해하는 데 유용하다. 일반적으로 우리는 자신을 객관적으로 평가하기 어려운데, 네트워킹 속에서는 객관적 피드백을 통해 자신의 강점과 약점을 파악할 수 있다. 자신에 대한 객관적 평가는 실력 향상에 큰 도움을 준다. 자신의 실력을 정확하게 알아야 현재 수준에 맞추어 성장 계획을 세울 수 있기 때문이다.

또한 네트워킹은 지식과 경험을 쌓는 효과적인 방법이다. 혼자서 공부하고 경험할 수도 있지만 우리는 사람을 만나 배우기도 한다. 동료와 고객을 만나 대화하면서 많은 것을 배우고 경험한다. 같은 일을 하는 사람들 외에도 다양한 부서와 조직에서 다른 일을 하는 사람들과 소통하면서 새로운 지식과 경험을 얻는다. 매일 만나는 사람과만 대화하면 생각의 폭이 좁아진다. 생각의 폭을 넓히려면 다양한 분야에서 일하는 사람들을 만날 필요가 있다. 실력자는 필요한 네트워크를 찾거나 만들고 건설적인 관계를 유지한다.

나는 어떤 무기를 갖고 있는가

마음가짐, 문제 해결, 네트워킹이라는 실력자의 세 가지 무기는 학자들이 제시한 내용과도 일치한다. 경영학자 로버트 드필리피 Robert DeFillippi와 마이클 아서 Michael Arthur는 경력을 의미 있게 성장시키기 위해서는 의미역량 knowing-why, 기술역량 knowing-how, 관계역량 knowing-whom이 필요하다고 주장했다.[5] 세 가지 무기 가운데 마음가짐은 의미역량, 문제 해결은 기술역량, 네트워킹은 관계역량과 연결된다.

당신은 세 가지 무기 가운데 무엇을 갖고 있고, 가장 잘 사용하는가? 아래 '경력 역량 진단'을 통해 자신의 무기를 파악해보자. 진단할 때는 평소 자신이 일하는 모습을 생각하며 응답하는 것이 중요하다. 진단을 마친 후에는 세 가지 역량의 평균 점수를 구한다. 의미역량은 1~8번 문항, 기술역량은 9~16번 문항, 관계역량은 17~22번 문항이다. 세 가지 역량 중 가장 자신 있는 역량을 강점으로 키우고, 상대적으로 부족한 역량을 보완한다면 실력자로 성장하는 데 도움이 될 것이다.

■ 경력 역량 진단

각 문항을 읽은 후 동의하는 정도에 해당하는 점수를 적으세요.6

1	2	3	4	5
전혀 아니다	다소 아니다	보통이다	다소 그렇다	매우 그렇다

번호	문항	점수
1	나는 경력과 관련하여 명확한 계획이 있다.	
2	나는 내가 획득할 수 있는 새로운 정보를 반영하여 경력을 바꾸거나 재조정할 수 있다.	
3	나는 나의 경력 목표에 도달하기 위해 무엇을 해야 하는지 알고 있다.	

4	나는 경력 목표를 달성하기 위한 전략이 있다.	
5	나는 나의 강점과 약점을 잘 알고 있다.	
6	나는 나의 경력 목표에 도달하기 위해 어떤 직무가 중요한지 알고 있다.	
7	나는 내가 흥미 있는 업무나 프로젝트가 무엇인지 잘 알고 있다.	
8	나는 내가 잘할 수 있는 업무와 그렇지 않은 업무를 구별할 수 있다.	
9	나는 나의 업무에 필요한 활동들을 잘 수행하고 있다.	
10	나는 업무 기한에 잘 맞추어 일하고 있다.	
11	나는 나의 직무에 필요한 책임과 의무를 성실히 수행하고 있다.	
12	나는 나의 업무에서 요구하는 성과 기준을 잘 준수하고 있다.	
13	나는 현재 업무를 수행하는 데 필요한 지식과 기술을 개발한다.	
14	나는 향후 승진에 필요한 기술들을 개발하고 있다.	
15	나는 다양한 업무를 수행하면서 나의 지식과 기술을 향상할 수 있는 경험을 얻는다.	
16	나는 업무 관련 교육이나 자기 계발 기회를 찾고 있다.	
17	나는 업무를 수행하는 데 가장 영향력이 큰 사람이 누구인지 잘 알고 있다.	
18	나는 업무와 관련한 정치적 이해관계를 잘 이해하고 있다.	
19	나는 업무를 잘 수행하기 위해 대인관계 스킬을 활용하고 있다.	
20	나는 나의 경력 발전을 돕고 충고해주는 다른 사람들과 네트워크를 맺고 있다.	
21	나는 다른 부서나 커뮤니티 등 업무가 다른 사람들과 네트워크를 맺고 있다.	
22	나는 업무에 대한 정보와 기회를 얻을 수 있는 조직 밖의 사람들과 관계를 맺고 있다.	

롤 모델에 대한 관점을 바꿔라

배울 만한 사람보다 성장 계획에 주목하라

A: 주변에 배울 만한 선배가 없어서 고민이에요.

B: 어떤 선배를 원하는데요?

A: 실력과 인성이 훌륭한 선배요. 나한테 잘해주면 더 좋고요.

B: 혹시 C 선배는 어때요?

A: C 선배는 사람은 참 좋은데 실력이 좀 부족한 것 같아요.

B: 주변에 실력이 뛰어난 선배가 있나요?

A: D 선배가 뛰어난 편이에요.

B: 그럼 D 선배에게 배우는 건 어떨까요?

A: D 선배는 제 스타일이 아니에요. 그 선배와는 말하고 싶지 않아요.

A의 고민을 살펴보자. 처음에는 선배들이 대단해 보였지만 몇 년 지나니 자신과 별반 차이가 없는 듯하다. 게다가 인간적 매력까지 떨어질 때 우리는 배울 만한 선배가 없다고 생각한다. 그런데 배울 만한 선배는 원래 드물다. 내 말이 틀린 것 같다면 주변을 돌아보라. 뛰어난 실력과 훌륭한 인성을 모두 갖춘 선배가 있는가? 찾기 힘들 것이다.

확률적으로 봐도 그렇다. 실력이 뛰어난 사람과 인성이 훌륭한 사람을 각각 상위 20퍼센트로 가정하면, 실력과 인성을 모두 갖춘 사람의 비율은 4퍼센트(0.2×0.2=0.04)에 불과하다. 25명 가운데 1명에 해당한다. 뛰어나다는 기준으로 상위 20퍼센트는 부족하다고 생각해서 상위 10퍼센트로 수준을 높이면 배울 만한 선배의 비율은 1퍼센트로 줄어든다.

만일 훌륭한 선배가 있다면 당신은 아주 큰 복을 받은 것이다. 그 선배에게 감사하며 생활하면 된다. 그렇다면 배울 만한 선배가 없다고 느끼는 사람들은 직장 생활을 어떻게 하고 있을까?

어떤 사람은 선배를 탓한다. 선배들이 마음에 들지 않으니 나이가 비슷한 동료를 만나서 선배들을 안주 삼는다. "A 선배는 경력은 10년 차인데, 실력은 3년 차인 우리랑 비슷해. 그동안 뭐 했대? 완전 월급 루팡이야." "B 선배는 인성이 그 모양인데 만약 팀장이 되면 어떡하지?" 선배들 흉을 보느라 시간 가는 줄 모른다. 시원하게 욕하다 보니 스트레스가 풀리는 것 같다. 화제는 자연스럽게 부서와 회사로 넘어간다. "팀장도 임원에게 잘 보이려고만 하고, 배울 점이 없어." "이 회사에는 실력 있는 사람이 거의 없어. 하긴 실력 있으면 좋은 곳으로 가겠지, 여기 다니겠냐?"

얼마나 답답했으면 동료에게 하소연했을까. 충분히 이해한다. 동료에게 털어놓고 마음이 가벼워졌다면 다행이다. 그런데 아쉬움이 남는다. 선배는 물론 부서와 회사를 탓하다 보니 그곳에서 일하는 자신까지 흉본 것 같다. 떠들다 보니 왠지 씁쓸하다. 순간적으로는 마음이 시원했지만, 다음 날 출근할 생각을 하니 다시 답답해진다.

어떤 사람은 현재 상황을 수용한다. 배울 만한 선배가 없어서 아쉽지만 현재 상황을 인정하고 선배를 탓하지 않는다. "하긴 후배들도 나를 롤 모델로 생각하지 않을 텐데, 선배를 탓해봐야 뭐 하겠어. 내 실력을 쌓는 게 중요하지." 성장하려는 마음가짐으로 공부 방법을 찾아본다. 책을 사서 읽거나 영상을 보기도 한다. 현명한 행동이다. 자기 마음에 꼭 드는 선배가 없다는 사실을 인정하고, 탓을 하지 않았다. 사실 선배들도 나름대로 열심히 살고 있다. 그들도 배울 만한 선배가 없어서, 또는 다른 이유로 더욱 성장하지 못했을 수 있다. 중요한 것은 선배를 탓한다고 자기 실력이 향상하지는 않는다는 사실이다. 선배와 환경 탓을 하는 데 쓰는 시간과 에너지를 자신의 실력 향상으로 돌릴 수 있다면 효과는 생각보다 클 것이다.

앞에서 상황을 수용한 사람은 후배의 관점에서 자기 모습을 점검했다. 자신을 돌아보는 데 효과적인 역지사지를 통해 현재 상태를 객관적으로 평가한 것이다. 자신에게 이렇게 질문해보자. '후배들은 나를 실력과 인성을 갖춘 배울 만한 선배라고 생각할까?' '그렇다'라고 쉽게 답하는 사람은 많지 않을 것이다. 동시에 '그동안 뭘 했지?'라는 생각이 머릿속을 스칠 수 있다. 자책할 필요는 없다. 이런 생각을 했다는 사실만으로도 훌륭하다. 현재 모습을 돌아봤으니 앞으로 어떻게 성장할지를 계획하면 된다. 혼자서 책이나 영상을 찾아 학습할 수도 있다. 그런데 독학을 하면 자신이 제대로 공부하고 있는지 궁금해질 수 있다.

누구에게나 배울 점은 있다

"삼인행필유아사 三人行必有我師"는 《논어》에 나오는 말로, '세 사람이

길을 가면 그 가운데 반드시 내 스승이 될 만한 사람이 있다'라는 뜻이다. 누구에게나 배울 점이 있다. 그래서 배울 선배가 없다고 고민하는 사람들에게 나는 '과목별 선생님' 찾기를 추천한다. 실력과 인성이 모두 훌륭한 '전 과목 선생님'을 찾기는 어렵지만, 특정 분야에서 뛰어난 '과목별 선생님' 찾기는 그리 어렵지 않다. 학창 시절을 떠올려보자. 영어 실력이 부족하다며 수학 선생님을 흉보지는 않았고, 국어 선생님에게 과학 문제를 묻지는 않았다. 그저 담당 과목의 실력으로 선생님을 평가했다. 학교에서 전 과목을 잘 가르치는 선생님은 거의 없다. 직장에서도 마찬가지로 모든 분야에 탁월한 사람은 없다. 하지만 누구나 자신만의 강점이 있다. 주변을 살펴보자. 상대 말을 잘 들어주는 사람, 사람들 앞에서 멋지게 발표하는 사람, 아이디어가 풍부한 사람, 꼼꼼하게 메모하는 사람, 건강관리를 잘하는 사람, 꾸준히 학습하는 사람 등 다양한 과목의 선생님들이 있다.

    우리도 이 방법을 활용해보자. 1단계는 선생님 찾기다. 먼저 과목을 선택한다. 업무, 대인관계, 자기 관리, 취미 등 어떤 과목이라도 좋다. 과목을 선택했다면 상위 20퍼센트, 즉 5명 가운데 잘하는 1명을 찾는다. 가능하면 주변에서 가장 잘하는 사람을 찾아본다. 주변에서 찾으면 관찰하기 쉽고, 궁금할 때 물어볼 수 있어서 좋다. 그런데 아무리 찾아도 안 보인다면 외부에서 찾으면 된다. 방송이나 영상에 출연하는 전문가도 좋고, 관련 도서의 저자도 좋다.

2단계는 관찰이다. 만약 발표를 잘하는 사람을 찾았다면, 그 사람이 발표하는 모습을 유심히 관찰한다. 자세와 태도는 어떤지, 표정과 시선을 어떻게 하는지, 말할 때 음성의 고저와 강약은 어떤지, 그리고 발표 자료를 어떻게 구성하고 강조하는지를 살펴본다. 관찰 내용을 바탕으로 그 사람의 강점을 정리한다. 이때 발표를 같이 들은 동료들에게 물어보면 강점을 입체적으로 분석할 수 있다.

3단계는 질문이다. 그 사람에게 훌륭한 발표 잘 들었다고 인사하면서 궁금한 내용을 물어본다. 자료를 어떻게 구상하고 준비하는지, 발표 연습을 어떻게 하는지, 발표에 자신 없을 때 어떻게 하면 좋은지 등을 묻고 답변을 정리한다. 평소 그 사람과 관계가 좋았다면 더욱 많은 정보를 얻을 수 있다. 평소 친하지 않았다면 조금 고민될 수 있지만, 이때도 질문하는 것이 낫다. 상대는 자신의 발표를 당신이 긍정적으로 평가했다는 사실에 기분이 좋아진다. 그래서 당신에게 호감을 느끼고 비법을 알려줄 가능성이 크다. 실력 있는 사람과 관계가 좋아지고 당신도 성장하는 일거양득 효과를 거둘 수 있다. 만일 그 사람에게 묻고 싶지 않다면 억지로 질문할 필요는 없다. 2단계 관찰까지만 해도 어느 정도 도움이 되기 때문이다.

이제 과목별 선생님을 찾아보자. '나중에 찾아봐야지'라고 생각한다면 하지 않을 확률이 99퍼센트다. 나중에 수정해도 좋으니 지금 일단 한 명이라도 적어보자. 자신이 성장하고 싶은 분야와 선생님을 정하고, 배울 만한 점을 종이에 적으면 된다. 성장을 돕는 과목별 선생님이 있다는 건 커다란 행운이다.

AI를 성장의 도구로 적극 활용하라

알파고가 남긴 교훈

2016년 3월, 구글 딥마인드가 개발한 인공지능 알파고와 바둑 기사 이세돌 9단의 대국이 열렸다. 바둑을 잘 모르는 사람들도 관심을 가질 만큼 큰 이벤트였다. 이세돌 9단은 12세에 입단해 세계 대회에서 18회 우승한 바둑 기사다. 당시 전문가들은 이세돌의 승리를 예상했다. 2015년 공개된 알파고의 실력이 프로 2단 수준이라고 평가받았기 때문에, 세계 최고의 바둑 기사를 이기기는 힘들 것이라고 생각했다. 그러나 결과는 4승 1패로 알파고의 승리였다. 예상과 달리 인공지능이 승리하자 많은 사람이 충격을 받았다. 그나마 이세돌 9단이 4번째 대국에서 거둔 1승을 위안으로 삼을 뿐이었다.

2017년에는 당시 바둑 세계 1위였던 중국의 커제 9단이 알파고의 다음 버전인 '알파고 마스터'와 대결했고, 1년 사이에 더욱 강해진 인공지능에 모두 졌다. 2018년 구글은 알파고의 마지막 버전 '알파고 제로'를 발표했다. 이전의 알파고는 인간이 바둑을 둔 기록인 기보를 바탕으로 학습했으나, 알파고 제로는 인간의 기보 없이 스스로 학습했다. 알파고 제로의 실력은 어느 정도일까? 알파고 제로는 이세돌 9단을 이긴 알파고와의 대국에서 100전 전승, 커제 9단을 이긴 알파고 마스터와는 89승 11패로 압도적인 승리를 거뒀다.

알파고의 여러 버전과 인간의 격차가 현재 어느 정도인지 알고 싶으면 고레이팅Go Rating 사이트에 가보자. 고레이팅은 세계 바둑 순위를 매일 업데이트하는 전문 웹사이트다. 2025년 현재 세계 1위는 한국의 신진서 9단으로, 3,852점이다. 인공지능의 경우 이세돌 9단을 이겼던 알파고가 3,739점, 커제 9단을 이겼던 알파고 마스터는 4,858점, 마지막 버전인 알파고 제로의 점수는 5,185점이다. 그런데 신진서 9단의 점수가 이세돌 9단을 이긴 알파고보다 113점 높다. 인간이 이길 수 없을 것으로 보였던 알파고의 점수를 능가한 것이다. 대체 무슨 일이 있었던 것일까?

알파고가 등장한 이후 프로 기사들은 인공지능을 회피하지 않고 낱낱이 분석했다. 이전에 인간이 두지 않던 방식을 구사하는 인공지능의 수를 보면서 연구했다. 명지대학교 경상·통계학부 김두얼 교수에 따르면 프로 기사들은 인공지능의 다양한 수법을 보면서 그동안의 선입관과 통념에서 벗어났고, 그 결과 포석이나 중반전 단계에서 엄청난 혁신을 이루며 활로를 찾았다.[7] 과거의 프로 기사들이 기보를 보거나 동료 기사와 대국하면서 배웠다면, 지금은 프로 기사 대부분이 인공지능을 보며 바둑을 연구한다. 인공지능을 실력 향상을 위한 도구로 활용하여 긍정적인 결과를 얻은 것이다. 그렇다면 우리는 인공지능을 어떻게 활용할 수 있을까?

AI를 똑똑하게 활용하는 방법

챗GPT가 등장하여 인공지능 대중화를 앞당김으로써 이제는 누구나 여러 인공지능에 쉽게 접근할 수 있다. 남은 과제는 이 도구를 어떻게 활용할 것인가이다. 다양한 분야에 사용할 수 있지만, 먼저 자신의 성장 전략을 탐색하는 데 활용해보자. 이때 중요한 건 인공지능의 의견을 받아들이는 마음가짐이다. 성장에 대한 고민을 인간이 아닌 인공지능에 이야기하는 것이 내키지 않을 수도 있다. 이렇게 생각하면 어떨까? 생성형 인공지능은 수많은 자료를 탐색하고 분석한 후 정리해서 답변한다. 답변의 근거 자료는 사람이 만든 것이다. 인공지능은 사람들의 의견을 정리하고 요약해서 우리에게 전달해줄 뿐이다. 그러니 인공지능의 답변을 여러 사람의 의견을 종합한 결과라고 생각하면 좋을 것이다. 물론 친구나 동료, 전문가의 의견을 직접 듣거나 책이나 영상을 통해 배울 수 있지만, 인공지능의 답변까지 참고한다면 더욱 다양한 의견을 접할 수 있다. 나도 성장 전략에 대해 궁금한 내용을 챗GPT에 물어봤다. 대화한 내용을 기억해서 이후 대화에 반영하는 인공지능의 특성을 활용해 추가 질문도 했다.

먼저 "인공지능 시대에 일하는 직장인이 안정적인 미래를 만들기 위해서는 무엇을 준비해야 할까?"라고 물었다. 챗GPT는 인공지능 시대에 안정적인 미래를 위해 가장 중요하다고 할 수 있는 요소로 학습민첩성, 인공지능과 협업하는 역량, 감정 지능 등 인간 고유의 역량 강화, 직업 정체성보다는 문제 해결사로서의 정체성 강화, 재무적·경력적 유연성 확보를 제안하면서 설명을 이어갔다. 답변이 짜임새 있고 깔끔해서 인상적이었지만, 책에서 본 듯한 보편적 내용이었다. 일반적인 질문을 하면 일반적인 답변이 나오는 것 같아 더 구체적인 상황을 설정해보았다.

"현재 마케팅 업무 경력 10년 정도의 40대 직장인이라면 구체적으로 무엇을 준비해야 할지 다섯 가지를 추천해줘"라고 물으니 인공지능은 다음과 같이 추천했다.

첫째, 데이터 기반 마케팅 역량을 강화할 필요가 있다. 단순한 감이나 경험 위주의 마케팅에서 벗어나 데이터 인사이트 중심의 기획자로 전환하는 것이다.

둘째, 인공지능 마케팅 도구를 활용하는 능력을 습득하는 것이다. 인공지능 기반 도구는 인간이 혼자서도 캠페인 기획, 제작, 실행, 보고를 해낼 수 있는 수준으로 진화하고 있다.

셋째, 퍼스널 브랜딩이다. 앞으로는 회사 이름보다 개인 이름으로 신뢰를 얻는 시대가 되므로 '마케팅 전문가'를 넘어 '디지털 전환 시대의 문제 해결사'로 자신을 포지셔닝할 필요가 있다.

넷째, 신기술과 신채널 기반 마케팅 트렌드에 대한 학습이다. 10년 전의 마케팅 경험을 현재에도 모두 적용할 수는 없으므로 트렌드를 학습할 필요가 있다.

다섯째, 경력 포트폴리오 재정비와 리스킬링 플랜 수립이다. 본인이 마케팅 중 어떤 분야에 특화되어 있는지를 진단하고, 차별화한 강점을 키울 필요가 있다. 인공지능은 마케터의 미래 경쟁력은 기술·인문·전략적 사고이므로 단기 목표는 '인공지능 도구에 능숙한 마케터 되기', 중장기 목표는 '디지털 전략을 주도하는 마케팅 리더 되기'로 자신을 재정의해야 한다.

'마케팅 업무 경력 10년 정도의 40대 직장인'이라는 상황을 입력하니 이전 질문보다 구체적인 답변을 얻었다. 질문이 구체적일수록 답변 밀도가 높아진다. 이처럼 자신의 상황을 구체적으로 물어보면 된다. 업종과 직무, 경력, 연령, 성별, 고민 등 현재 상황을 자세히 적으면 적합한 답변을 얻을 가능성이 커진다. 또한 챗GPT에 "너는 마케팅 분야의 최고 전문가야"라고 말하며 역할을 부여하면 보다 전문적인 조언을 들을 수 있다.

나는 질문을 이어갔다. "추천해준 다섯 가지 가운데 데이터 기반 마케팅 역량 강화를 위해서는 무엇을 해야 할까?" 그러자 좋은 선택이라고 칭찬하면서, 데이터 기반 마케팅 역량 강화를 위한 5단계 로드맵을 제안했다. 1단계로 데이터 분석 기본기 다지기, 2단계로 구글 애널리틱스 4 마스터하기, 3단계로 구조적 데이터 쿼리 언어 SQL 기초 학습, 4단계로 비즈니스 인텔리전스 BI 도구 사용, 5단계로 마케팅 성과 분석 실천 프로젝트 수행을 제시하면서 단계별 주요 내용과 구체적인 학습 과정을 추천했다. 그러면서 필요하면 각 단계별 구체적인 학습 계획이나 포트폴리오 양식을 줄 수 있으니 받아보겠냐고 제안했다. 인공지능은 그럴듯한 오답을 말하는 '할루시네이션 hallucination' 문제를 아직도 보이고 있으니, "인터넷 검색하고 링크도 같이 알려줘"라고 질문하고 링크를 통해 사실 여부를 확인하면 오류를 줄일 수 있다.

생성형 인공지능은 이제 원어민 외국어 강사 역할도 한다. 취업을 준비하는 이 모 씨는 인공지능의 음성 대화 기능을 활용해 영어 회화를 공부한다. 그는 그동안 온라인 수업을 들었는데, 인공지능을 활용하니 원하는 시간과 장소에서 저렴한 비용으로 원어민과 대화하는 것 같고 실력 향상에도 도움이 된다고 말했다. 과거에는 단순한 응답이나 번역에 머물렀던 인공지능 활용 범위가 크게 넓어졌다. 보고서 작성, 이미지와 영상 생성, 데이터 분석 등에도 활용되고 있으며, 이를 통해 개인의 생산성과 창의성이 크게 향상되고 있다.

나는 챗GPT에 3개의 질문을 했다. 처음에는 일반적인 질문을 했지만, 두 번째는 구체적인 직무와 경력을 포함해서 물었고, 세 번째는 특정 역량을 향상하는 방법을 물었다. 질문이 자세할수록 인공지능의 답도 구체적이다. 이처럼 성장에 관해 질문하면 동료나 책에서 얻을 수 없는 다양한 정보와 의견을 들을 수 있다. 우리도 바둑 프로 기사처럼 인공지능을 경력 성장에 활용하자.

4장

창의적으로 문제를 해결할 수 있는가
: 어려운 상황을 극복하기 위한 '열린 사고'

쓸모없는 지식은 버리고
새로운 지식을 채워라

지식에도 유통기한이 있다

중학교 과학 교과서를 보다가 낯선 단어를 발견했다. '아이오딘' 과 '아밀레이스'였다. 아이오딘과 아밀레이스는 예전에 '요오드' 와 '아밀라아제'로 불리던 물질의 새 이름이다. 요오드와 아밀라 아제는 독일식 발음에 따른 표기다. 원래 일본을 거쳐 우리나라에 들어와 오랫동안 불렸는데, 2005년 산업자원부 기술표준원이 일 본식과 독일식 과학 용어 434개를 국제 기준에 맞춰 바꾸면서 교 과서에도 반영된 것이다. 이뿐만이 아니다. 학창시절 과학 시간 에 '수금지화목토천해명'으로 외우던 태양계 행성 중 명왕성은

2006년 왜소행성으로 강등되었다. '왜소행성'은 행성보다 작고 소행성보다 큰 천체로, 명왕성 때문에 새롭게 만들어진 단어다. 2022년에는 터키가 '튀르키예'로 이름을 바꿨고, 인공지능 챗GPT가 공개되었다. 기술 발전이 빠른 과학뿐만 아니라 경제와 사회, 맞춤법, 역사적 사실 등 거의 모든 분야에서 새로운 지식이 끊임없이 생성되며 과거 지식을 대체하고 있다. 국민학교, 주판, PC 통신, 삐삐 등은 또래끼리 모이는 동창회와 드라마 '응답하라 시리즈'에나 등장하는 아련한 추억이 되었다.

지식에도 유통기한이 있다. 세상이 변하고 새로운 지식이 등장해 한 분야 지식의 절반이 쓸모없는 것으로 바뀌는 데 걸리는 시간을 '지식반감기'라고 한다. 과학자 새뮤얼 아브스만 Samuel Arbesman 은 《지식의 반감기 The Half-life of Facts》에서 여러 분야의 지식반감기를 소개했다. 기초 지식의 반감기는 물리학 13년, 경제학 9년, 심리학과 역사학은 7년이었다. 응용 지식의 경우 기술대학에서 배운 지식이 3년, 컴퓨터로 배운 지식이 1년으로, 기초 지식보다 짧았다.[1] 또한 아브스만은 지식반감기가 점점 짧아지고 있다고 주장했다.

'옵솔리지 obsoledge'는 미래학자 앨빈 토플러 Alvin Toffler 가 만든 단어로, 쓸모없는 지식 obsolete+knowledge 이란 뜻이다.[2] 그는 더 나은 미래를 만들기 위해서는 쓸모없어진 지식을 바탕으로 의사 결정을 내리는 관습에서 벗어나야 하며, 변화를 받아들이기 위해서는 옵솔리지를 버려야 한다고 주장했다. 또한 21세기의 문맹은 글을 읽지 못하는 사람이 아니라 배우고~learn~, 비우고~unlearn~, 다시 배우지~relearn~ 못하는 사람이라고 말했다. 과거에는 새로운 지식을 배우기만 하면 문제가 해결되었지만, 이제는 달라졌다. 지식반감기가 짧아짐에 따라 늘어난 쓸모없는 지식을 버리는 작업이 필요해졌다.

　세계적 경영학자 게리 해멀~Gary Hamel~과 C. K. 프라할라드~C. K. Prahalad~는 조직이 발전적인 미래를 만들기 위해서는 과거의 성공이나 현재의 기득권 등 기존 사고방식에서 벗어나 새것을 배우는 학습만이 아니라 낡은 것을 버리는 폐기학습도 해야 한다고 강조했다.3 토플러의 주장과 맥락이 같다. 폐기학습~unlearning~은 학습~learning~이란 단어 앞에 부정을 뜻하는 접두사 un-을 더한 말로, 새롭고 더 나은 지식과 방법을 익히기 위해 기존의 쓸모없는 지식이나 사고방식, 행동을 버리는 과정이다. '폐기'라는 단어를 보니 못 쓰는 물건을 버리는 일이 연상된다. 사실 집에서 쓰지 않는 물건 버리기는 생각보다 어렵다. 몇 년 동안 사용하지 않은 물건이나 입지 않은 옷을 버리면 되는데, '나중에 쓸 일이 있지 않을까?' 또는 '살 빼면 입을 수 있는데'라는 생각에 버리기를 주저한다. 새 물건이 늘어나는데 이전 물건을 버리지 않으니 한정된 공간에 물건들이 쌓여가고 집 안은 더욱 복잡해진다. 폐기학습의 원리는 이와 비슷하다. 쓸모없는 것을 비워야 새로운 것을 채울 수 있다.

성공의 덫에 빠지지 않는 법

생성형 인공지능이 발달하며 지식의 판이 바뀌고 있는 요즘, 폐기학습의 필요성이 더욱 커졌다. 생성형 인공지능은 지식반감기를 더욱 단축할 수 있다. 사람이 인공지능을 활용하면 더 빠르고 쉽게 지식을 만들 수 있기 때문이다. 소프트웨어를 개발하는 한 후배는 이렇게 말했다.

"몇 년 전만 해도 직무 교육을 1년에 한 번 받으면 일하는 데 크게 문제가 없었는데, 이제는 6개월도 안 되어 새로운 것들이 나와서 수시로 공부해야 해요."

챗GPT 등장 이후 변화 주기가 더욱 빨라졌다는 말도 덧붙였다.

끊임없는 기술 발전과 사회 변화는 우리에게 폐기학습을 요구하지만 막상 실천하기는 쉽지 않다. 사람은 기존 지식과 경험을 바탕으로 생각하고 행동하는 데 익숙하다. 오랫동안 수없이 반복되며 굳어진 사고방식과 지식을 바꾸기란 어렵다. 이전부터 그렇게 해왔기 때문에 당연하게 생각하고, 편하므로 바꿀 필요성을 느끼지 못한다. 특히 과거에 성공한 사람들은 더욱 그러하다. 자신의 지식과 사고방식이 성공을 이끌었기에 자신이 옳다고 생각한다. 그러나 과거 방식을 고집하면 변화한 환경에 대처하기 힘들다. 과거의 성공 경험이 과도한 자신감을 키워 현재의 실패 확률을 높일 수 있다. 조직이론가들은 이를 '성공의 덫success trap'이라고 부른다. 자신이 과거 방식으로 성공한 경험이 있으면 주위에서 조언해도 "해봤어요? 나는 이렇게 해서 성공했어요"라며 자기 생각을 고수하기 쉽다. 이때 과거의 성공은 미래의 실패 원인이 될 수 있다.

"전승불복 응형무궁戰勝不復 應形無窮."《손자병법》에 나오는 말로, '전쟁 승리는 반복되지 않으므로 끝없이 변하는 상황에 대응해야 한다'라는 뜻이다. 손자는 과거와 똑같은 방식으로 다시 승리하기는 어려우며, 적군의 형세에 따라 무궁무진한 작전을 펴나가야 한다고 주장했다. 이 말은 2,500년이 지난 지금도 유효하다. 미래에 성공하려면 변화한 환경에 적응해야 한다. 그러기 위해서는 쓸모없는 과거의 지식을 버리고 새로운 지식을 습득하는 폐기학습이 필요하다. 그렇다면 폐기학습을 어떻게 해야 하는가?

벤처기업 설립과 성장을 돕는 노바디 스튜디오의 공동 설립자

배리 오라일리Barry O'Reily는 《언러닝Unlearn》에서 폐기학습을 비움학습, 재학습, 전환의 3단계로 설명한다.4

1단계는 비움학습이다. 변화의 필요성을 스스로 인정하고, 분명한 폐기학습 목표를 수립하는 과정이다. 왜 폐기학습을 하려고 하는지, 구체적으로 무엇을 비우려고 하는지를 생각하고 결정한다. 목표를 명확하게 수립해야 확실하게 비울 수 있다.

2단계는 재학습이다. 의도적인 재학습을 위해서는 마음가짐을 새롭게 해야 한다. 자신의 기존 생각과는 다른 정보를 받아들이는 열린 자세가 필요하다. 이후 새로운 지식을 학습하고, 이전과는 다른 방식으로 보고 듣고 느끼고 행동하는 법을 배우려고 노력한다. 재학습을 위해서는 자신이 옳다는 생각에 의문을 제기할 필요가 있다.

3단계는 전환이다. 비움학습과 재학습으로 얻은 새로운 지식과 통찰을 실천하는 과정이다. 오라일리는 언러닝에서는 말보다 행동이 중요하며, 행동을 언러닝하면 세상을 관찰하고 경험하고 바라보는 방식이 바뀐다고 주장했다. 이전과 다른 방식으로 생각하고 행동할 때 새로운 경험을 하게 되고, 그 결과 폐기학습을 더욱 주도적으로 실천할 수 있다.

일상에서 폐기학습을 실천하는 간단한 방법은 검색이다. 특정 단어를 처음 듣거나 기존에 알던 지식이 확실하지 않을 때 찾아보면 된다. 오랜만에 방문하는 식당도 현재 영업하는지를 확인하고 가야 당황스러운 상황을 예방할 수 있다. 세상은 계속 변하므로 우리의 지식도 업데이트해야 한다. 자신에게 질문해보자. 쓸모없는 지식과 사고방식을 비울 생각이 있는가? 있다면 무엇을 비우고, 무엇을 채울 것인가?

변화를 만들고 싶다면 질문부터 던져라

질문하는 능력이 곧 실력이다

우등생은 대체로 암기와 계산 능력이 뛰어나다. 지금까지는 외워서 답변을 잘하면 실력 있는 사람으로 인정받았다. 그런데 인공지능 시대에는 우등생의 기준이 달라질 것이다. 인간보다 잘 기억하고 계산하며 정리해서 답변하는 생성형 인공지능이 등장했기 때문이다. 2023년 출시된 'GPT-4'는 미국 변호사 시험에서 상위 10퍼센트의 성적을 기록했고, 미국 생물학 올림피아드에서는 상위 1퍼센트의 실력을 보였다. 인공지능이 특정 분야의 전문 지식을 인간 수준으로 이해하고 적용할 수 있다는 가능성을 보여준 사례다. 이후 출시된 모델들의 성능은 GPT-4를 능가하며, 기존 시험 방식만으로는 그 능력을 충분히 평가하기 어려운 수준이다. 챗GPT는 텍스트뿐 아니라 이미지, 영상, 음성 등 다양한 형태의 정보를 통합적으로 처리하는 멀티모달multimodal 기능을 빠르게 고도화하고 인간의 인지 방식을 모방하는 방향으로 발전하고 있다. 이러한 진화는 단순한 정보 생성을 뛰어넘어 문제 해결, 감정 이해, 창의적 사고 영역까지 확장되고 있다. 챗GPT 외에 다양한 기업의 인공지능 모델들도 빠르게 발전하면서 이는 인공지능의 능력이 단일 모델이 아닌 전체 생태계 차원에서 향상하고 있다. 기억하고 답변하는 능력이 인간보다 뛰어난 인공지능이 예측하기 어려울 정도로 빠르게 발전하는 지금, 우리에게 필요한 것은 무엇인가?

인공지능 시대에는 질문이 실력이다. 생성형 인공지능과 대화해보면 질문의 중요성을 체감할 수 있다. 어떤 질문을 하느냐에 따라 답변의 질이 달라진다. 또한 인공지능은 이전 대화를 기억하므로, 사람과 대화하듯이 후속 질문을 하면서 이야기를 이어갈 수 있다. 과거의 챗봇이나 인공지능은 "오늘 날씨 어때?" 등의 간단한 질문에만 제대로 답변했다. 궁금한 내용을 추가로 물어도 원하는 답변을 얻지 못했다. 반면 생성형 인공지능은 깊이 있는 대화와 질문을 할 수 있다. 철학적 질문에도 답을 척척 내놓는 인공지능 앞에서 많은 사람이 연신 감탄사를 내뱉을 뿐이다. 답변은 인공지능이 잘하므로 우리는 질문에 집중하면 된다. 그런데 질문은 생각보다 쉽지 않다. 사람에게 질문할 때는 분위기와 체면 등 고려할 것이 많아 머뭇거릴 수 있지만 인공지능은 편하게 대할 수 있을 듯한데, 질문을 제대로 하기가 의외로 어렵다. 학교나 직장에서 질문하는 방법을 배운 적이 거의 없고, 질문에 익숙하지도 않아서 그런 것 같다.

나 역시 성장하면서 질문하는 것이 어색해졌다. 어렸을 때는 곧잘 손을 들고 질문했는데, 어느 순간부터 손을 드는 횟수가 줄어들었다. 내가 모르거나 잘못 이해했다는 사실을 들킬까 두려워서, 관심이 없어서, 부끄러워서, 쉬는 시간이 부족해서, 친구들에게 눈치 보여서, 그냥 귀찮아서 등의 이유 때문이었다. 직장에 들어간 후 초기에는 선배에게 질문을 했지만, 경력이 쌓일수록 적어졌다. 부서장이나 선배에게 "아직 이것도 몰라요?"라는 핀잔을 들을까 봐, 후배에게는 모르는 것을 들키고 싶지 않아서 질문을 꺼렸다. 그동안 유능해 보이기 위해 모르는 것도 아는 척하느라 애썼는데 질문 하나로 공든 탑을 무너뜨릴 수는 없다고 생각했다. 지금도 비슷하다. 상대방에게 질문하기보다는 내 이야기를 하고 싶은 경우가 많다. 내 생각과 관점을 상대방에게 말하는 것이 즐거워서 그렇다.

나도 잘 하지 않는 질문을 권유하는 이유는, 좋은 질문이 우리에게 주는 혜택이 크기 때문이다. 좋은 질문으로 얻을 수 있는 세 가지 혜택을 소개하면 다음과 같다.

첫째, 좋은 질문을 하면 원하는 정보와 지식을 얻는다. 질문하면 당연히 정보를 얻을 수 있을 듯하지만, 어떤 질문을 하느냐에 따라 정보의 질과 양이 크게 달라진다. 좋은 질문이 좋은 답변을 끌어낸다. 둘째, 질문을 잘하면 호감과 인정을 얻는다. 하버드대학교에서 질문에 관한 흥미로운 연구를 진행했다. 398명의 참여자가 2명씩 짝을 이루어 온라인 채팅을 했다. 15분간 대화한 후 서로에 대한 호감 정도를 물었는데, 질문을 많이 한 사람에 대한 호감도가 높았다. 특히 후속 질문이 많으면 효과적이었다. 같은 연구진이 진행한 온라인과 오프라인 대화 연구도 결과가 같았다.[5] 또한 질문을 잘하면 의사소통이 명확하고 원활해져 좋은 결과를 얻을 수 있다. 셋째, 좋은 질문을 통해 함께 성장할 수 있다. 질문을 하면 상대방도 자신을 돌아보며 새로운 목표를 수립할 수 있다. 좋은 질문은 자신뿐만 아니라 동료나 친구의 성장도 촉진한다.

이 정도면 좋은 질문을 할 이유로 충분하지 않을까? 그렇다면 좋은 질문을 하는 데 필요한 방법은 어떤 것들이 있을까? 다음에 이어서 살펴보자.

질문을 잘하는 방법

첫째, 자신이 모른다는 사실을 인정한다. 세상에 완벽한 사람은 없으며, 누구나 모르는 것이 있다. 그러나 가끔 우리는 스스로 무지하다는 것을 알면서도 이를 다른 사람에게 숨기려 한다. 몰라도 아는 척을 하고, 완벽한 사람인 척하기도 한다. 소크라테스는 "나는 내가 무지하다는 것을 안다"라고 말했다. 위대한 철학자도 자신의 무지를 인정하는데, 평범한 우리가 애써 완벽한 척할 필요가 있을까? 이제부터는 마음의 짐을 내려놓고 모르는 것을 편하게 질문해보자. 호기심을 담은 질문은 우리를 성장시키는 멋진 일이다.

둘째, 후속 질문을 한다. 한 번의 질문으로 모든 정보를 얻기는 어렵다. 따라서 상대방의 말을 듣고 그것과 관련한 후속 질문을 한다. 상대방의 아이디어를 들었다면 "어떤 계기로 그런 생각을 하게 되셨나요?" 또는 "어떻게 하면 그 아이디어를 실현할 수 있을까요?" 등의 질문을 하면 추가 정보뿐만 아니라 하버드대학교의 연구 결과처럼 상대의 호감도 얻을 수 있다. 사람들은 자신에게 관심을 두고 질문하는 사람에게 호감을 보인다. 상대로부터 더 많은 정보를 얻기 위해서는 "~에 대해 자세히 말씀해주시겠어요?" 또는 "예를 들어 설명해주실 수 있을까요?"라는 방식으로 정중하고 구체적으로 묻는 것이 좋다. 이런 질문은 인공지능과의 대화에서도 효과를 발휘한다.

셋째, 명확한 의사소통을 위해 질문한다. 먼저 목적을 명확히 하기 위해 질문한다. 직장에서 업무를 맡게 되었을 때 "이 업무의 목적은 무엇인가요?"라고 질문하면 업무를 정의하는 데 도움이 된다. 다음으로 서로 잘 이해했는지를 확인하기 위해 질문한다. 대화 도중에 충분히 이해하지 못한 내용이 있다면 "지금 하신 말씀을 저는 이렇게 이해했는데 맞을까요?"라고 묻는다면 의사소통을 명확하게 할 수 있다. 부정확한 내용을 명확히 정리하기 위해 질문할 수도 있다. 예를 들어 팀장이 "○○ 자료를 빨리 부탁해요"라고 말했을 때 "네, 알겠습니다"라고 답하고 일하다가 2시간 후 "아직 안 됐나요? 급한 건인데"라는 말을 듣는다면 기분이 언짢아질 수 있다. 이때는 팀장이 요청했을 때 "급하신 것 같은데 언제까지 드리면 될까요?"라고 바로 질문하여 시간을 명확하게 정하면 이후의 스트레스를 예방할 수 있다. 만일 정해진 시간까지 제출하기 어렵다면 팀장에게 도움을 구하거나 시간을 조정하면 된다. 이처럼 적절히 질문하면 자신을 보호하는 동시에 의사소통을 명확하게 하는 사람으로 인정받을 수 있다.

넷째, 함께 성장하기 위해 질문한다. 회사에서 커리어 코치로 활동하는 나는 코칭 질문의 힘을 자주 체감한다. 코칭에서 널리

쓰이는 질문을 자신에게 하며 성장 방향을 잠시 생각해보자. 먼저 "당신이 원하는 상태는 어떤 것인가요?"로 자신의 목표를 찾아본다. 평소 생각하지 못했던 이상적인 목표를 그려보는 것이다. 다음으로 "당신의 현재 상태는 어떤가요?"라는 질문으로 현재의 모습을 점검한다. 이를 통해 이상적인 목표와 현실의 차이를 파악할 수 있다. 이어서 "목표를 달성하기 위해서는 어떤 방법이 있을까요?"로 현실적 실천 방법을 찾아본다. 마지막으로, "그 방법을 실천하기 위해 구체적으로 무엇을 하겠어요?"라는 질문으로 실천 의지를 다진다. 자신뿐 아니라 동료나 친구에게 이런 질문을 하면 함께 성장할 수 있다.

다섯째, 질문하는 분위기를 조성한다. 자신은 물론 동료들이 질문할 수 있는 편안한 분위기를 만든다. 특히 당신이 선배라면 질문하는 분위기를 만드는 데 이바지할 수 있다. 후배들은 '괜히 질문했다가 분위기가 이상해지거나 일을 떠안는 것 아니야?'라는 두려움 때문에 질문을 회피할 수 있다. 하지만 어떤 질문을 해도 안전하다는 분위기를 함께 조성하면 조직의 생산성과 경쟁력이 높아질 것이다. 하지 않던 질문을 갑자기 하려면 어색할 수도 있다. 자신이 변화의 마중물이 되도록 먼저 질문해보자. 질문을 연습하면 실력을 키우고 변화를 만들 수 있다.

눈에 보이지 않는 문제까지 입체적으로 사고하라

근본 원인을 파악하는 질문의 방법

우리는 일하면서 크고 작은 문제를 만난다. 쉽게 풀리면 다행인데, 해결되지 않고 점점 커지면 업무에 차질이 생기고 스트레스를 받기 마련이다. 시간이 지나 고질적인 문제가 되면 '이건 어쩔 수 없는 문제야'라고 생각하며 떠안고 산다.

미국의 3대 대통령 토머스 제퍼슨을 기리는 제퍼슨기념관에도 고질적인 문제가 있었다. 1943년에 설립된 이 기념관은 외벽이 심하게 부식되어 매년 보수 작업을 해야 했다. 이에 따라 비용 지출이 늘었고 관람객 불편도 발생했다. 관련자들은 외벽 부식이 문제라고 생각하면서도 오래된 건물이니 어쩔 수 없다고 받아들였다. 그러나 새로 부임한 관장의 생각은 달랐다. 그는 문제의 원인을 분석하기 시작했다. 조사 결과 외벽이 부식된 이유는 외벽에 붙는 비둘기 배설물을 닦아내기 위해 자주 사용하는 세제였다. 그래서 관람객들에게 비둘기 모이를 주지 않도록 했다. 그런데도 비둘기들은 계속 모여들었다. 다시 살펴보니 비둘기가 몰려드는 이유는 먹이인 거미 때문이었다. 거미가 모여드는 이유는 주변 숲에서 날아오는 나방 때문이었고, 나방이 날아오는 이유는 기념관이 관람객을 위해 다른 건물보다 2시간 먼저 전등을 켜기 때문이었다. 결국 기념관은 불을 켜는 시간을 2시간 늦추면서 외벽 부식을 막을 수 있었다. 어쩔 수 없다고 손 놓고 있던 문제를 의외의 방법으로 해결한 것이다.

제퍼슨기념관은 신임 관장의 문제의식과 원인 분석 덕분에 문제를 해결할 수 있었다. 다른 사람들은 고질적인 문제라서 해결할 수 없다고 생각했지만, 신임 관장은 문제의 근본 원인을 파악하기 위해 '왜'라는 질문을 다섯 번 던지는 '5Why 기법'을 사용했다. 왜 외벽이 부식되는가? 자주 청소하기 때문이다. 왜 자주 청소하는가? 비둘기 배설물이 많기 때문이다. 왜 비둘기 배설물이 많은가? 비둘기 먹이인 거미가 많기 때문이다. 왜 거미가 많은가? 거미 먹이인 나방이 많기 때문이다. 왜 나방이 많은가? 기념관이 일찍 전등을 켜기 때문이다. 다섯 번의 질문을 하자 근본 원인이 도출되었다. 꼭 다섯 번씩 질문할 필요는 없다. 세 번도 좋고 여섯 번도 좋다. 근본적 원인을 찾을 때까지 하면 된다. 지금 고민하는 문제에 '5Why' 기법을 활용하면 도움이 될 것이다.

그런데 우리는 원인 분석을 제대로 하지 않는다. 이전과 비슷한 문제를 만나면 더욱 그렇다. 기존에 하던 방식을 조금 바꿔서 적용하면 간편하기 때문이다. 굳이 시간을 들여 원인 분석하는 것을 낭비라고 생각한다. 그러나 세상이 달라졌다. 인공지능 발전과 같이 급변하는 환경 속에서는 문제를 새로운 관점으로 접근해야 한다. 조직심리학자 애덤 그랜트Adam Grant는 《싱크 어게인Think Again》에서 우리에게는 과학자의 관점이 필요하다고 말한다.[6] 과학자는 언제나 자신의 기존 지식을 의심하고 다시 생각할 수 있어야 한다. 그랜트는 우리도 모르는 것에 호기심을 가지며, 새로운 정보를 얻을 때마다 기존 생각을 지속적으로 보완해야 한다고 주장한다.

새로운 관점으로 사고하기 위해서는 이전과 다른 학습 방법이 필요하다. 행동과학자 크리스 아지리스Chris Agyris가 제시한 단일고리 학습과 이중고리 학습을 소개한다. 단일고리 학습single-loop learning은 문제가 발생했을 때 기존 규범 안에서 오류를 확인하고 행동을 수정하여 지금까지 하던 일을 더 잘하게 만드는 방법이다. 이 방법은 주로 '어떻게 하는가?'라는 질문에 초점을 맞춘다. 반면 이중고리 학습double-loop learning은 문제가 발생했을 때 기존 규범을 결정하는 기본 전제와 가정을 원점에서 다시 검토해 규범을 수정하는 방법이다. 기존 행동에 영향을 주는 가정들에 의문을 품고, '왜 하는가?'라고 질문하며 근본적 변화를 유도한다.

예를 들어 정 팀장이 프로젝트 리더를 맡았다고 가정해보자. 그런데 프로젝트 일정이 지연되고, 예산도 초과했다. 정 팀장은 일정 지연과 예산 초과 문제를 해결하기 위해 프로젝트 일정을 재조정하고 팀원들에게 추가 자원을 투입했다. 이후 일정과 예산을 관리하는 데 초점을 두고 프로젝트를 진행했으나 마음대로 되지 않았다. 발생한 문제를 기존 틀 안에서 해결하려는 단일고리 학습을 실행했기 때문이다.

비슷한 프로젝트의 리더를 맡은 최 팀장도 같은 문제를 겪고 있었다. 사실 최 팀장은 이전에도 프로젝트 리더로 활동했는데, 매번 비슷한 어려움을 경험했다. 여기서 최 팀장은 이중고리 학습을 선택한다. '왜 우리 프로젝트는 항상 지연되고 예산이 초과될까?'라는 근본적인 질문을 제기했다. 일정과 예산이라는 틀을 벗어나 팀의 업무 프로세스, 소통 방식, 조직 문화 등 전반적인 사항에 대한 근본적인 가정을 점검했다. 그는 눈에 보이는 문제 해결에만 집중하지 않고, 문제의 근본 원인을 찾아 해결하고 향후 프로젝트 운영의 효율성을 개선했다.

다양한 관점과 분석적 사고가 필요한 순간

앞서 살펴본 5Why 기법, 이중고리 학습 등은 입체적으로 사고하도록 도와준다. 입체적 사고는 문제 해결을 위해 더 깊이 고민하고 분석하는 과정이다. 단순히 눈에 보이는 문제에만 매달리지 않고, 보이지 않는 부분까지 고려하면서 근본 원인을 분석하고 창의적인 해결책을 발굴한다. 문제 해결을 위한 입체적 사고를 효과적으로 하는 데는 두 가지 방법이 필요하다.

먼저 다양한 관점을 고려해야 한다. 문제를 해결할 때 다양한 관점을 고려하면 놓치기 쉬운 세부 사항을 발견할 수 있다. 배경과 경험이 다양한 사람들과 대화하며 새로운 관점을 이해한다. 고객, 부서장, 동료 등 이해관계자를 만나 존중하며 경청한다. 또한 책, 논문, 영화, 뉴스, 인터넷 자료 등을 살펴본다. 토론과 협업을 통해 다른 사람들과 의견을 나누면 새로운 아이디어를 발굴할 수 있다. 스스로 관점을 바꾸는 연습도 효과적이다. 예를 들어 영화를 볼 때 우리는 주인공의 관점으로 상황을 이해한다. 그런데 영화를 다시 보면서 주인공이 아닌 다른 배역의 관점에서 생각하면 처음에 못 봤던 내용이나 상황을 알 수 있다. 즉, 같은 영화를 다른 관점으로 보면 이전보다 넓고 깊게 이해할 수 있다. 이러한 방법을 업무에 적용해보자. 자신이 작성한 문서를 보고받을 부서장의 관점으로 다시 읽거나, 자신이 제공하는 제품과 서비스를 고객 관점으로 점검한다면 다양한 관점을 고려할 수 있다.

그다음 분석적으로 사고해야 한다. 문제를 해결하려면 근본 원인을 파악하고, 원인과 결과의 관계를 이해해야 한다. 그 과정에서 다양한 자료를 수집하고 분석하여 사실에 기반한 결정을 내려야 한다. 앞에서 소개한 5Why 기법과 이중고리 학습을 활용하면 문제의 원인을 찾는 데 도움이 된다. 또한 문제를 해결하려면 시스템적으로 접근해야 한다. 문제와 연관된 다양한 요소와 상호작용을 고려해야 하기 때문이다. 그런데 시스템적 사고를 하지 못해 실수하는 경우가 있다. 예를 들어 선진 기업을 벤치마킹할 때는 그 조직이 여러 면에서 뛰어나 보인다. 그래서 그 조직에서 시행하는 제도나 프로그램을 그대로 본떠서 본인의 조직에 적용했는데 기대하는 성과가 나오지 않는 경우가 있다. 적용하기 전에 본인 조직의 시스템과 문화를 충분히 고려했는지 점검해야 한다. 수도꼭지를 벽에 붙였다고 물이 나오지는 않기 때문이다.

다양한 의견에 귀를 기울여라

편향된 세계관을 경계하는 법

베스트셀러 작가 매슈 사이드Matthew Syed는 《다이버시티 파워Rebel Ideas》에서 요즘처럼 복잡해지는 사회에서 집단지성은 선택이 아닌 필수라고 강조한다.7 이전보다 복잡한 문제들이 발생하는데 단일한 시각으로는 해결하기 어려우므로 경험과 관점이 다양한 사람들이 함께 고민하며 해결책을 찾는 것이 중요하다는 이야기다. 또한 관점이 다양할수록 해결 방안의 범위가 넓어지므로 문제 해결에도 효과적이라고 주장한다. 다양한 의견이 도움이 된다는 사실은 많은 사람이 알고 있다. 그렇다면 우리는 실제로 다양한 의견을 접하고 있을까? 온라인과 오프라인 가운데 먼저 온라인 환경을 살펴보자.

다양한 매체와 기술이 발전하면서 우리가 접하는 정보의 양은 과거보다 크게 늘었지만 다양성은 오히려 줄어들었다. 바로 '필터 버블filter bubble'때문이다. 필터 버블은 개인이 인터넷 알고리즘에 따라 관심사에 맞게 제공되는 정보에만 노출되어 자신만의 거품 안에 갇히는 현상이다. 필터 버블은 원래 사용자에게 가장 편한 인터페이스를 제공하기 위한 기술이었지만, 요즘은 특정 정보만을 접하게 만들어 개인의 고정관념과 편견을 강화한다는 우려를 낳고 있다. 인공지능이 발달하면서 필터 버블이 더욱 정교해져서 사람들은 자신도 모르는 사이에 갇힐 수 있다.

필터 버블 현상만으로도 편향된 시각을 갖기 쉬운데, '에코 체임버echo chamber'가 더해지면 편향의 위험성은 배가된다. 에코 체임버는 원래 방에서 소리를 내면 그 소리가 메아리가 되어 돌아온다는 뜻이지만, 최근에는 필터 버블 때문에 생각이 같아진 사람들끼리 인터넷 공간에서 편향된 사고를 공유하는 현상을 말한다. 사람들은 비슷한 의견을 이야기하고 공감하며 자신들의 생각만이 옳다고 확신하게 된다. 그러면 자신과 다른 의견을 흘려듣거나 무시하며 자기 세계관을 고수하게 된다. 정보를 편리하게 접할 수 있는 기술의 발전이 정보의 다양성을 차단하는 부정적인 결과를 만든다.

오프라인 환경의 의견 교환은 어떨까. 직장인의 일상을 생각해보자. 출근하면 매일 같은 동료를 만난다. 같은 조직에서 같은 업무를 하다 보니 관점이 비슷해진다. 업무 때문에 소통하는 외부 사람들도 같은 일을 하는 경우가 많아서 생각이 비슷하다. 일과 후에도 자신과 공통분모를 가진 사람들을 만난다. 같은 경험을 공유하는 친구, 같은 학교를 나온 선후배, 같은 일을 하는 사람, 같은 취미를 가진 사람들이다. 공통분모가 있기에 동질감을 느끼며 편안하게 만난다. 나도 이런 만남을 좋아하지만, 주의할 점이 있다. 환경과 생각이 비슷한 사람만 만나다 보면 '다른 사람들도 이렇게 생각하겠지'라는 착각에 빠질 우려가 있다. 오프라인에서도 필터 버블과 비슷한 상황이 일어나는 것이다. 그리고 조심해야 할 것이 하나 더 있다.

2003년 미국항공우주국NASA에서 발사한 우주왕복선 컬럼비아호가 공중에서 폭발했다. 탑승자 7명 전원이 사망하는 안타까운 사고였다. 사고 원인을 조사하는 과정에서 엔지니어 1명이 폭발 사고가 일어나기 전에 컬럼비아호의 문제를 알았다는 사실이 밝혀졌다. 그는 발사 장면 영상을 보다가 컬럼비아호에서 작은 파편이 떨어져 나가는 것을 보고는 문제라고 인식했다. 하지만 상부에 보고하지 않았다. 보고하지 않은 이유를 조사관들이 묻자 그는 자신의 직급이 낮아서 말할 수 없었다고 답했다.

상황은 다르지만 낯설지 않은 장면이다. 회의 도중 뭔가 잘못되었다고 생각해도 말하기 쉽지 않다. '내 의견이 잘못되었으면 어떡하지?' 또는 '부서장이나 선배들이 좋지 않게 볼 것 같은데'라는 생각이 말문을 막는다. 선배들이 편하게 이야기하라고 하는데, 정말 그래도 될지 불안하다. 오프라인으로 만나는 사람도 한정되었는데, 그들조차 자신의 의견을 편하게 말하지 않는다면 다양한 의견을 접할 기회는 더욱 줄어든다.

열린 소통을 위한 시도

다양성이 위기에 빠진 시대다. 온라인과 오프라인 모두에서 다양한 의견을 접하기 쉽지 않은 환경이 되었다. 손 놓고 가만히 있으면 점점 더 고립될 수 있다. 다양성의 위기를 극복하는 방법을 찾아보자.

첫째, 온라인에서는 다양한 출처를 통해 정보를 수집하고, 알고리즘의 영향을 줄인다. 먼저 다양한 의견을 접하기 위해 새로운 출처와 여러 시각을 찾는다. 의도적으로 자신과 다른 의견을 찾아보면 도움이 된다. 예를 들어 당신이 경제를 긍정적으로 전망한다면 부정적으로 예상하는 의견을 검색한다. 부정적 전망의 근거와 논리를 접하며 분석하면 식견이 이전보다 폭넓어질 것이다. 다음으로 필터 버블을 극복하기 위해 알고리즘의 영향을 최소화한다. 일부 플랫폼에서는 로그인하지 않고 사용하거나, 플랫폼의 개인화 설정을 조정하여 사용자의 관심사에 따라 걸러지는 정보를 줄일 수 있다.

둘째, '심리적 안전감psychological safety'을 조성한다. 심리적 안전감은 조직 구성원이 솔직한 의견을 말하거나 부족한 점을 드러내도 무시나 불이익을 받지 않는다는 믿음이다. 심리적 안전감이 높아지면 구성원들이 자유롭게 의견을 표현할 수 있는 분위기가 만들어진다. 이 분위기는 창의성과 혁신을 촉진하며, 조직에서 새로운 아이디어와 해결책을 발굴하는 데 도움이 된다. 심리적 안전감은 한 번의 이벤트로 생기지 않는다. 꾸준히 상대를 존중하고 소통하는 과정에서 서서히 쌓인다. 신뢰 통장에 매일 조금씩 저축하다 보면 어느덧 열린 소통이 이뤄지는 장면을 볼 수 있을 것이다.

셋째, 다양성을 존중하는 회의 기법을 사용한다. 부서장 혼자 말하고 나머지는 받아쓰기만 하는 회의는 다양한 의견을 담아낼 수 없다. 여러 사람의 의견을 들을 수 있는 두 가지 회의 방법을 소개한다.

하나는 아마존의 침묵 회의다. 아마존에서는 침묵으로 회의를 시작한다. 자료를 조용히 읽는 시간을 갖는 것이다. 자료는 1쪽 또는 6쪽 분량 문서로, 파워포인트를 사용해서는 안 되며 문장으로만 써야 한다. 화려한 그림이나 유창한 말솜씨 대신 정확한 내용을 담은 글을 보겠다는 의미다. 발표 없이 자료를 살펴본 후 논의를 시작하는데, 참석자 가운데 가장 선임은 제일 마지막에 발언한다. 후임들의 다양한 생각을 보호하는 장치다.

다른 하나는 레드 팀red team 운영이다. 레드 팀은 발표자의 의견에 끊임없이 부정적인 관점으로 의문을 던지고 의심하는 팀이다. 레드 팀은 아이디어가 좋고 나쁨과 상관없이 비판적으로 말한다. 발표자는 레드 팀을 설득하려고 노력한다. 그러나 레드 팀의 역할은 설득당하지 않는 것이다. 레드 팀은 무작정 비판하는 것이 아니라, 감정에 휩쓸리지 않고 침착하게 반대하는 논리를 펼쳐야 한다. 레드 팀의 효과는 발표자가 레드 팀을 설득하는 과정에서 자신의 아이디어를 되돌아보고, 비판적 피드백을 받으면서 아이디어에 대한 객관적 시각을 갖는 것이다. 믿을 만한 동료에게 레드 팀이 되도록 부탁하면 업무에 도움이 되는 다양한 의견을 들을 수 있다.

새로운 아이디어는 어떻게 탄생하는가

창의력은 특별한 것이 아니다

"좋은 아이디어 없을까요?" 들을 때마다 부담되는 질문이다. 신입 사원은 참신한 아이디어를 기대하는 선배들의 눈빛을 피하고 싶다. 경력이 쌓인 선배는 전문적인 의견을 바라는 후배들의 시선이 무겁게 느껴진다. 누군가가 먼저 아이디어를 던져주면 좋겠다는 생각만 간절해진다. 우리는 언제쯤 아이디어를 내야 한다는 부담에서 해방될 수 있을까?

아쉽게도 당분간은 어려울 것 같다. 인공지능 시대에는 창의력이 더욱 중요해지기 때문이다. 기술이 발전하면서 단순하고 반복적인 업무는 인공지능과 로봇이 수행할 것이다. 인간은 더 큰 가치를 창출하는 아이디어를 제시하는 업무에 집중하게 될 가능성이 크다. 데이터 분석은 인공지능이 잘하지만, 그 데이터를 기반으로 전략을 개발하는 역할은 인간의 몫이다. 또한 조직들은 지속적 혁신으로 경쟁력을 확보하여 성장하려고 노력한다.

그런데 인공지능 시대에 창의력이 뜬다는 소식에 반가움보다 두려움이 앞선다. 창의력에 자신이 없기 때문이다. 창의력이란 말에 지나치게 주눅들 필요는 없다. 우리는 평범한 직장인이다. 창의력이라고 하면 떠오르는 발명가, 예술가, 과학자가 아니다. 직장인에게 필요한 창의력은 자신의 업무를 개선하는 아이디어를 제시하는 수준이면 충분하다. 너무 부담 갖지 말고 할 수 있는 것을 찾아보자.

먼저 창의적인 아이디어의 특성을 알아보자. 창의적인 아이디어는 보통 세 가지 특성이 있다.[8] 첫째는 참신성이다. 창의력에서 가장 중요한 특성이다. 아무리 아이디어를 많이 제안해도 새롭지 않다면 창의적이라고 할 수 없다. 둘째는 실용성이다. 참신성만으로는 부족하다. 업무 현장에서 사용할 수 있어야 한다. 실용성은 아이디어가 적용되는 장소와 상황에 따라 다르게 평가된다. 다른 조직에서 성공한 아이디어가 자신의 조직에서는 실패할 수 있다. 따라서 현재 상황을 고려할 필요가 있다. 셋째는 대중성이다. 아이디어가 참신하고 실용적인데 사람들이 그 가치를 몰라준다면 아쉬울 수밖에 없다. 많은 사람이 아이디어의 가치를 인정할 때 창의적인 아이디어의 영향력은 더욱 커진다.

참신하고 실용적이며 대중적인 아이디어를 우리가 끄집어낼 수 있을까? 생성형 인공지능을 통해 아이디어를 도출할 수도 있지만, 여기서는 직장인이 일상에서 창의적인 아이디어를 끌어내는 방법을 살펴보자.

일상에서 아이디어를 끌어내는 방법

첫째로 호기심을 갖고 관찰한다. 창의력은 호기심에서 시작된다. 창조성이 뛰어난 사람들을 분석한 로버트 루트번스타인Robert Root-Bernstein과 미셸 루트번스타인Michèle Root-Bernstein 부부도《생각의 탄생Spark of Genius》에서 호기심과 관찰을 언급한다.9 호기심은 생각을 확장하고 세계를 깊이 이해하는 데 필요한 핵심 요소다. 업무를 처음 배울 때는 호기심이 가득했는데, 경력이 쌓일수록 호기심을 잃어버리는 경향이 있다. 항상 새로운 것에 호기심을 갖고 배우고 성장하려는 노력이 필요하다. 자신이 매일 하던 일에 '왜 그런가?'와 '어떻게 할까?'라고 질문하면 새로운 시각을 얻을 수 있다. 호기심은 관찰로 연결된다. 능동적 행위인 관찰은 수동적인 보기와는 구별된다. 일상의 업무를 정밀하게 관찰하고 메모해두면 유용한 자료가 된다. 기록이 쌓이면 새로운 아이디어를 도출하는 실마리를 제공하는 보물창고가 되기 때문이다.

둘째로 다른 분야와 통합한다. 통합하면 다양한 경험과 지식을 풍부하게 활용할 수 있고, 이러한 다양성이 창의력을 촉진한다. 스티브 잡스가 대학교를 중퇴하고 들은 캘리그래피 강좌가 나중에 애플 제품의 글씨체와 디자인을 만드는 데 자양분이 되었다는 일화는 유명하다. 이후 그는 인문학과 기술의 통합을 강조했다. 또 다른 사례로 대학병원에서 흉부영상의학을 연구하는 이 교수는 평소 다른 진료과의 연구에도 관심이 많았다. 그는 어느 날 비뇨의학과 관련 논문을 보다가 복부에 사용하는 치료법을 폐에 적용할 수 있겠다고 생각했다. "논문에 따르면 복부에 혈전이 나타났을 때 우로키나아제urokinase(소변에 포함된 단백질 분해 효소)를 복부에 넣어서 혈전을 녹여 빼내면 된다고 해서, 이것을 폐에 적용하면 되겠다고 생각했죠." 이 교수는 평소의 다양한 관심 덕분에, 복부에 사용하는 치료법을 폐에 적용하면 좋겠다는 새로운 관점을 떠올렸고 새로운 치료법을 개발했다. 이처럼 다른 분야에서 얻은 아이디어를 자기 분야에 접목하면 창의적인 아이디어를 도출할 수 있다.

셋째로 문제를 재정의한다. 현재의 문제를 새로운 관점으로 다시 정의하는 방법이다. 문제 해결 방식을 제시하는 토마스 웨델 웨델스보그Thomas Wedell-wedellsborg의 《리프레이밍What's Your Problem?》에는 흥미로운 이야기가 소개된다.[10] 어느 건물의 임차인들이 엘리베이터가 구식이고 느려서 오래 기다려야 한다고 불평을 했다. 이 문제를 해결하려면 속도를 높이기 위해 엘리베이터 교체나 모터 업그레이드를 생각할 수 있다. 그러나 '기다리는 일이 짜증스럽다'로 문제를 재정의하면 해결 방안이 달라진다. 결국 기다리는 시간을 짧게 느끼도록 엘리베이터에 거울을 달고 음악을 틀자 임차인들의 불만이 급격히 감소했다. 문제를 바라보는 관점을 바꾸자 새롭고 효과적인 해결 방안이 나온 것이다. 직장에서도 똑같이 적용할 수 있다. 예를 들어 예산이 부족하다는 문제가 나타나면 우리는 보통 예산 절감 계획을 세운다. 이때 '예산을 줄이는 대신 수익을 늘리는 방법은 없을까?'라는 생각으로 문제를 재정의하면 창의적인 아이디어를 찾을 수 있다.

넷째로 브레인 라이팅brain writing을 해본다. 널리 알려진 브레인스토밍과 비슷하지만, 발표에 소극적인 사람들도 참여하도록 유도하기 위해 말하지 않고 글로 쓰는 방법이다. 다른 사람을 의식하지 않고 자유롭게 의견을 제시할 수 있기 때문에 새로운 아이디어를 발굴하는 데 유용하다. 방법은 다음과 같다. 예컨대 6명이 참여한다면 개인에게 종이 3장을 나눠준다. 개인별로 종이 1장에 1개씩 총 3개의 아이디어를 5분 이내에 적고, 종이를 옆 사람에게 전달한다. 종이를 받은 사람은 적혀 있는 아이디어에 새로운 아이디어를 추가하거나 확장한다. 이런 방식으로 계속 적으면 6명이 3개씩 총 18개의 아이디어를 함께 만들 수 있다. 서로 영감을 주면서 아이디어를 발전시키는 효과적인 방법이다.

다섯째로 강제 결합법을 시도한다. 강제 결합법은 겉보기에 관련 없는 두 가지 이상의 사물이나 아이디어를 연결하여 새로운 아이디어를 생성하는 방법이다. 기존 사고방식으로는 아이디어가 나오지 않을 때 사용하는 극약 처방이다. 예를 들어 '부서 단합 이벤트'를 기획하는 과정에서 '컵, 하늘, 신발'이란 단어가 무작위로 나왔다면 어떤 아이디어를 제시할 수 있을까? 먼저 이벤트와 컵을 더하면 하얀 컵에 원하는 그림을 그리고, 잘 그린 사람들에게 상을 주는 '컵 아트 경연대회'를 기획할 수 있다. 다음으로 이벤트와 하늘을 더하면 하늘을 관찰할 수 있는 장소에 망원경과 음식을 준비해서 별자리를 관찰할 수 있다. 이벤트와 신발을 결합하면 가장 창의적이고 흥미로운 신발 디자인에 상을 수여하는 이벤트를 열 수 있다. 무작위 단어를 생성하고 결합하는 데 생성형 인공지능을 활용하면 효과적이다. 강제 결합법은 무작위 단어와 결합하므로 엉뚱한 아이디어가 나올 수도 있지만, 기존 틀에서 벗어난 새로운 아이디어를 제시할 수 있다는 것이 장점이다.

5장

경험을 통해 성찰할 수 있는가

: 작은 일상에서도 배울 점을 찾는 '경험학습'

카이로스의 순간을 놓치지 마라

누구에게나 카이로스는 있다

고대 그리스인들은 시간을 두 가지 개념으로 보았다. 바로 크로노스Chronos와 카이로스Kairos다. 크로노스는 누구에게나 똑같이 적용되는 객관적 시간이다. 일상에서 접하는 출근 시간, 약속 시간 등이 크로노스에 해당한다. 반면 카이로스는 특별한 의미가 있는 주관적인 시간이다. 평소와 똑같은 시간이지만 자신에게 그 순간이 특별했다면 카이로스라고 할 수 있다. 매일 듣던 부모님의 말씀이 어느 날 가슴에 울림을 주었다면, 또는 영화를 보다가 주인공의 대사가 남다른 의미로 다가왔다면 그 시간이 바로 카이로스다. 나도 몇 번의 카이로스를 경험했다. 그중 하나는 입사 5년 차에 경험했다.

당시 나는 인재 개발 업무를 5년째 하고 있었다. 인재 개발은 직원 대상 교육 프로그램을 기획하고 운영하는 업무인데, 외부 전문가들과 다양한 내용을 접하는 것이 재밌었다. 일이 흥미로웠지만 마음 한편에는 고민이 있었다. 업무가 천직으로 여겨지지 않았다는 점이다. 입사 동기들 가운데 다른 부서로 이동하는 친구도 있었고, 다른 회사로 이직하는 친구도 있었다. 나는 이직할 생각은 없었으나 인재 개발 업무를 계속할지 아니면 다른 업무를 경험할지를 고민했다. 한마디로 인재 개발 업무에 대한 비전과 확신이 없었다.

그때 미국의 인재 개발 콘퍼런스인 ATD Association for Talent Development에 참석할 기회를 얻었다. 세계 각지의 인재 개발 담당자 1만여 명이 참여하고 400개 이상의 발표를 진행하는 세계 최대의 인재 개발 학회다. 부족한 영어 실력 때문에 모두 이해할 수는 없었지만, 일주일 동안 듣고 체험하면서 내가 모르는 것이 너무 많았다고 느꼈다. 내가 알던 인재 개발 업무는 빙산의 일각이었다. 교육 프로그램이 셀 수 없을 정도로 많았고 담당자의 역할도 다양했다. 그때 인재 개발 분야의 전문가가 되면 의미 있는 일을 하면서 경제활동을 꾸준히 할 수 있다는 확신이 들었다. 머리가 흰 중년의 전문가들이 콘퍼런스에 참여해 왕성하게 활동하는 모습이 멋져 보였다. 콘퍼런스가 끝날 무렵 '나는 인재 개발 분야의 전문가가 되고 싶다!'고 결심했다.

전문가가 되겠다고 생각하니 현장에 있던 전문가들이 궁금해졌다. 그래서 콘퍼런스에서 발표한 사람들의 이력을 살펴보니 대부분 대학원을 졸업했고, 일부는 미국 인적자원 전문가 Professional in Human Resources, PHR 자격을 갖고 있었다. 대학원 진학은 시간과 비용이 많이 들어서 부담스러웠다. 미국 인적자원 전문가 자격을 검색해보니 한국에서도 온라인으로 응시할 수 있어서 도전하기로 마음먹었다. 돌아오자마자 미국 인적자원 전문가 자격 공부 모임에 참여하여 공부를 시작했다. 1년간 열심히 공부한 결과 다음 해에 자격을 취득했고, 이후 대학원에 진학하여 학습을 지속했다. 지금 생각해보면 그때 전문가가 되겠다고 결심했기에 뚜렷한 방향성을 갖고 노력할 수 있었다. 입사 5년 차의 인재 개발 콘퍼런스는 나의 성장 방향에 결정적인 영향을 준 카이로스였다. 소중한 기회를 주신 분들에게 지금도 감사하고 있다.

2012년에도 나는 카이로스를 경험했다. 직장에 다니면서 박사 학위 논문을 준비하던 시기였다. 어느 날 집에서 극심한 허리 통증으로 쓰러졌고, 태어나서 처음으로 구급차에 실려 가 병원에 입원했다. 낮에는 회사에서 앉아서 일하고 밤에는 학교에서 앉아서 공부하다 보니 허리 주변 근육이 약해진 결과였다. 다행히 수술하지 않고 3일 만에 퇴원했다. 진료해준 원장님은 내가 퇴원할 때 허리 주변 근육을 강화하기 위해 걷기 운동을 하라고 추천하셨다. 당시에는 '퇴원만 하면 걷기 운동을 열심히 하겠다'라고 몇 번이나 다짐했다. 비슷한 경험을 해본 사람은 공감할 것이다. 그런데 그 결심은 작심삼일로 끝났다. 진통제를 먹고 통증이 줄어드니 운동의 필요성을 덜 느꼈다. 날이 더워서, 비가 와서, 미세먼지가 심해서, 약속이 있어서, 피곤해서 등 온갖 이유를 대며 운동을 회피했다. 그러자 다시 통증이 찾아왔고, 나 자신에게 부끄러웠다. '다짐한 지 며칠이나 지났다고 운동을 안 하나? 나는 이 정도밖에 안 되는가 보다.' 작심삼일과 자괴감을 몇 차례 반복해 겪으면서 이렇게 생각했다. '아는 것보다 실천이 중요하구나.'

그때부터 효과적인 실천법을 공부하기 시작했다. 관련 논문 300여 편을 분석하여 검증된 방법들을 정리했다. 그 내용을 내게 적용하고 시행착오를 거치면서 나만의 습관법을 개발했다. 사람들에게 새로운 습관법을 알려주었더니 효과를 보았다는 피드백이 많았다. 그래서 더 많은 사람과 공유하기 위해 습관법을 담은 《원 해빗》을 출간했다. 허리 통증으로 입원하고 고생했던 시간은 내게 실천의 중요성을 느끼고 해결책을 찾게 해준 카이로스였다.

준비하고 있어야 카이로스를 잡을 수 있다

우리는 카이로스를 통해 성장의 방향을 찾고 실천할 수 있다. 누구나 경험하는 일상의 시간인 크로노스를 나에게 의미 있는 카이로스로 바꿀 수 있다면 얼마나 좋을까? 힌트는 카이로스의 뜻에 담겨 있다.

카이로스는 그리스 신화에 등장하는 기회의 신이다. 카이로스는 벌거벗은 몸으로 다녔으며, 앞머리가 무성하고 뒷머리가 대머리였다고 한다. 크로아티아에 있는 카이로스 동상 아래에는 이런 글이 새겨져 있다.

"내가 벌거벗은 이유는 쉽게 눈에 띄기 위함이고, 내 앞머리가 무성한 이유는 내가 나타났을 때 사람들이 쉽게 붙잡을 수 있게 하기 위함이며, 내 뒷머리가 대머리인 이유는 내가 지나가고 나면 다시는 나를 잡을 수 없게 하기 위함이요, 손에 들고 있는 칼과 저울은 나를 만났을 때 신중하게 판단하고 신속하게 의사 결정하라는 뜻이다. 등과 발에 날개가 달린 이유는 최대한 빨리 사라지기 위함이다. 나의 이름은 기회다."

기회가 왔을 때 신중하게 판단하고 신속하게 결정하여 움켜쥐어야 한다는 뜻이다. 그렇다면 어떻게 카이로스를 잡을 수 있을까?

로마의 철학자 세네카는 "기회는 준비가 행운을 만날 때 생기는 것"이라고 말했다. 준비하고 있어야 카이로스를 잡을 수 있다. 나의 경우를 생각해보면 입사 5년 차에 인재 개발 업무를 계속할지 다른 업무를 할지를 고민했다. 그런 고민이 있었기에 콘퍼런스 내용에 집중하고 전문가들을 세심하게 관찰할 수 있었다. 그 콘퍼런스에 참석한 1만 명은 일주일이라는 정해진 시간, 크로노스를 보냈지만 모든 사람이 의미 있는 시간, 카이로스를 잡은 것은 아닐 것이다.

나는 성장을 고민하던 시기에 콘퍼런스라는 행운을 만나 성장 방향을 결정하는 카이로스를 잡았다. 2012년에도 병원에서 퇴원 후 작심삼일과 자괴감을 번갈아 겪으며 실행력에 대한 갈망이 컸기에 습관법을 개발할 수 있었다. 허리가 아프지 않았다면 실행력과 습관을 고민하지 않았을 것이다.

일상 경험에서 카이로스를 잡으려면 준비가 필요하다. 자신의 성장 방향을 고민하다가 경력 개발 교육에 참여하거나, 육아 문제로 고민하다가 육아 전문가의 강의를 듣는다면 카이로스를 잡을 가능성이 커진다. 경력을 개발하거나 육아를 잘 하고 싶어서 공부하는 시간은 결코 아깝지 않을 것이다. 교육에서 배운 내용을 토대로 새로운 사업을 시작하거나 이직한 다음 직장에서 자신의 능력을 발휘해 좋은 성과를 낼 수도 있다. 이처럼 평소 준비하고 있

다가 카이로스가 지나갈 때 머리채를 움켜잡으면 된다

　카이로스를 잡고 싶다면 자신에게 두 가지 질문을 해보자. '나는 어떤 카이로스를 잡고 싶은가? 그 카이로스를 잡기 위해 무엇을 준비하고 있는가?'

작은 경험이
큰 성장으로 이어진다

어떻게 경험을 통해 성장할 수 있는가

영국의 석학 찰스 제닝스Charles Jennings와 동료들은 개인의 성장에서 경험이 중요하다고 주장한다. 성장에 관한 주요 이론인 702010 모델에서 가장 큰 비중을 차지하는 70퍼센트의 학습은 업무 경험에서 나온다. 실제 업무를 수행하면서 부딪히고, 실수하고, 해결해보는 과정 속에서 발생하는 깊이 있는 배움이다. 특히 익숙하지 않은 과제를 맡거나 새로운 환경에 도전할 때 성장은 가속화된다. 단순한 경험이 아니라, 그 경험을 돌아보고 피드백을 받는 과정을 통해 학습이 일어난다.

다음으로 20퍼센트는 동료나 멘토, 상사와의 상호작용을 통해 이뤄진다. 질문하고, 피드백을 주고받고, 타인이 일하는 방식을 관찰하며 일상 속에서 자연스럽게 배우게 된다. 이처럼 관계 속 학습은 혼자서 얻기 어려운 통찰을 제공하며, 성장의 촉매제가 된다.

마지막으로 10퍼센트는 전통적인 교육 방식에서 얻는 학습이다. 강의, 워크숍, 세미나, 온라인 과정 등에서 지식과 개념을 체계적으로 익히는 시간이다. 비중은 작지만, 이를 통해 기본기를 다지고 경험의 체계를 세울 수 있다. 형식 교육은 실전 경험을 효과적으로 소화하기 위한 기반 역할을 한다.

702010 모델은 우리에게 중요한 교훈을 준다. 강의실이 아니라 일하고 사람을 만나는 과정에서 더 많이 배우고 성장할 수 있다는 이야기다.

우리는 출근해서 일하고, 사람을 만나 대화하며, 음식을 먹고, 스마트폰으로 영상을 본다. 이처럼 매일 많은 경험을 한다. 학자들은 경험을 통해 많은 성장이 이뤄진다고 말하는데, 경험은 우리의 실력을 얼마나 키웠을까? 후배에게 물어보니 "몇 년 동안 경험과 시행착오를 통해 실력이 쌓인 것 같은데, 어떤 경험이 어떻게 실력을 키웠는지를 설명하기는 어렵네요"라고 답했다. 만일 경험이 성장으로 100퍼센트 연결된다면 상대적으로 경험 많은 선배의 실력이 후배보다 뛰어날 것이다. 그런데 주위를 살펴보면 선배보다 실력이 뛰어난 후배들이 있다. 경험에서는 양보다 질이 더 중요하다는 증거다. 어떻게 하면 경험을 통해 성장할 수 있을까? 경험학습에서 그 답을 찾을 수 있다.

경험학습의 3단계

경험학습은 말 그대로 경험을 통해 이뤄지는 학습을 의미한다. 교육학자 데이비드 바우드David Boud와 동료들은 경험학습에서 성찰이 중요하다고 강조했다.[1] 이들은 경험학습을 경험, 성찰 과정, 결과 등 3단계로 구분한다.

첫째, 경험은 개인이 환경과 상호작용하는 단계로, 개인의 행동과 생각, 감정이 포함된다. 학습은 어떤 상황에서도 일어날 수 있는데, 이때 학습의 가능성을 알아채는 것이 중요하다. 어떤 경험이 성장으로 이어지는지를 알면 성찰로 연결할 수 있기 때문이다.

둘째, 성찰 과정은 학습을 경험하는 도중이나 이후에 일어난다. 경험 도중이나 이후에 그 내용을 돌아보며 무엇을 배웠는지를 생각하는 것이다. 내가 무엇을 잘했는지, 무엇을 주의했어야

했는지, 다음에는 어떻게 하면 좋을지를 생각하면서, 자칫 흘려버릴 수 있는 경험을 실력으로 연결하는 과정이다. 이때 긍정 감정에 집중하고 부정 감정을 줄이면 좋다. 경험 당시의 즐거운 순간에 집중하거나, 가족이나 친구에게 이야기하면서 부정 감정을 줄이면 학습에 도움이 된다.

셋째, 결과는 성찰 과정을 통해 경험이 변화로 연결되는 과정이다. 성찰 과정 후에 이전과 다른 새로운 관점이 생기거나 행동 변화가 일어났다면 경험이 학습으로 연결된 것이다. 할 일을 깜빡 잊어서 실수한 이후 체크리스트를 만들어 점검하는 행동을 한다면 경험학습의 결과라고 할 수 있다.

■ **경험학습 과정**

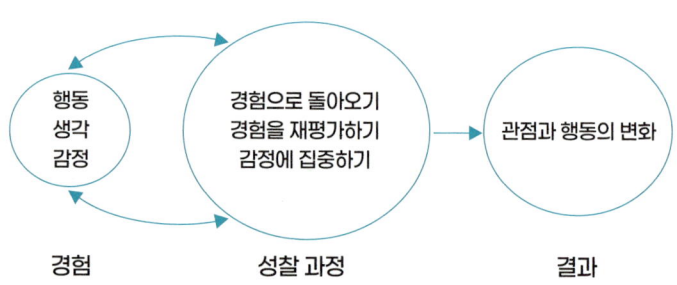

경험학습은 우리 주변에서도 찾아볼 수 있다. 김 대리는 성격이 내성적이어서 평소 사람들 앞에서 발표하는 것이 부담스러웠다. 사실 이전에도 몇 번 실수를 했다. 그런데 지난주 발표 때는 대형 사고가 발생했다. 발표 도중 머릿속이 하얘지면서 말문이 막힌 것이다. 그의 마음은 순식간에 무너졌다. 정신을 차리고 수습하려 했지만 이미 망쳤다는 기분에 사로잡힌 채 발표를 마쳤다. 동료들은 괜찮다고 위로했지만 김 대리의 기분은 전혀 괜찮지 않았다. 다시는 발표하지 않겠다고 마음먹었다.

며칠 지나자 김 대리는 안정을 찾았다. 직장을 그만두지 않는 한 발표를 피할 수는 없다는 현실을 받아들였고, 이번 기회에 발표 실력을 키워야겠다고 다짐했다. 그는 실수했던 경험을 회상하면서 주의할 점을 성찰했다. 그리고 친한 동료에게 솔직한 피드백을 요청했다. 그 후 반복 연습과 실전 발표를 통해 부족한 점을 보완했다. 이제는 발표 부담이 이전보다 훨씬 줄었으며, 어느 정도 자신감이 생겼다. 즉, 김 대리는 실수했던 경험을 성찰하여 행동을 변화시켰다.

명의로 불리는 외과 의사 오 교수도 특별한 경험을 통해 성장했다고 말한다. 젊은 시절 그는 수술 직후 환자와 보호자들이 "수술이 잘됐나요?"라고 물으면 답하기가 부담스러웠다. 수술이 잘되었다고 말하면 실력을 자랑하는 것 같아서 자신 있게 답하지 못했다.

그러던 어느 날 오 교수는 새로운 경험을 했다. 그의 아들이 축구하다가 다쳐서 무릎을 수술해야 했다. 수술을 마치고 나온 의사를 보자마자 오 교수는 "수술 잘됐나요?"라고 물었다. 의사에게 "잘됐어요"라는 말을 듣고 싶었던 것이다. 아들의 수술 경험을 통해 오 교수는 환자와 보호자가 자신에게 질문했던 과거 경험을 떠올렸다. 자신이 보호자로서 듣고 싶었던 말을 자신의 환자와 보호자도 듣고 싶었을 것이라고 생각했다. 이러한 경험을 통해 "수술이 잘됐어요"라는 말에 대한 인식이 바뀌었다. 말 한마디가 환자와 보호자에게 안정을 줄 수 있다고 생각했고, 이후에는 자연스럽게 "수술 잘됐어요"라고 말할 수 있었다.

앞서 소개한 나의 인재 개발 콘퍼런스 참석도 경험학습으로 설명할 수 있다. 미래 경력을 고민하던 때에 콘퍼런스에 참석하여 많은 것을 배우면서 나는 업무 분야와 경력을 성찰했다. 그 결과 성장의 방향을 결정하고 공부를 시작했다.

지금까지 소개한 경험학습 사례들을 다음과 같이 표로 정리했다.

■ 경험에서 배우기

구분	경험	성찰 과정	결과
김대리	내성적인 성격으로 발표에서 실수를 반복함	실수했던 경험을 회상하면서 주의할 점들을 성찰	꾸준한 연습으로 개선하여 발표에 자신을 갖게 됨
오교수	수술이 잘되었다고 답변하기가 부담스러웠음	환자, 보호자가 자신에게 질문했던 과거를 회상하면서 성찰	"수술이 잘됐어요"라는 말에 대한 인식이 바뀌고, 행동으로 실천하게 됨
오교수	아들의 다리 수술이 잘되었다는 답변을 듣고 싶음	환자, 보호자가 자신에게 질문했던 과거를 회상하면서 성찰	"수술이 잘됐어요"라는 말에 대한 인식이 바뀌고, 행동으로 실천하게 됨
나	미래 경력을 고민	그동안 일했던 인재 개발 분야와 경력 방향을 성찰	경력 성장의 방향을 결정하고 공부를 시작함
나	인재 개발 콘퍼런스에서 많은 전문가를 만나서 배움	그동안 일했던 인재 개발 분야와 경력 방향을 성찰	경력 성장의 방향을 결정하고 공부를 시작함

이제 당신의 경험학습 과정을 생각해볼 차례다. 당신은 어떤 경험을 통해 성장했는가? 사소하더라도 좋다. 사람들의 이야기를 들어보면 작은 경험을 통해 인식과 행동이 바뀌었다는 경우가 적지 않다. 철학자 존 듀이John Dewey는 "1온스의 경험이 1톤의 이론보다 낫다"고 말했다.[2] 작은 경험의 힘은 강하다. 자신의 일상 경험에 관심을 두고 들여다보면 작은 경험을 큰 성장으로 연결하는 비밀을 찾을 수 있다.

성찰하는 태도가 곧 경쟁력이다

성장은 성찰을 먹고 자란다

경험학습의 핵심은 성찰이다. 경험이 학습으로 연결되려면 성찰 과정을 거쳐야 하기 때문이다. 성찰은 성장으로 들어가는 문이라고 할 수 있다. 성찰이 중요하다는 사실을 알지만 실천하려 하면 잘 안된다. 이때의 걸림돌은 대개 두 가지다.

첫째는 부정적인 감정 때문이다. 성찰은 '자기의 마음을 반성하고 살피는 것'을 뜻한다. 우리에게는 성찰보다 '반성'이란 단어가 익숙하다. 학창 시절에 반성문을 썼던 기억도 떠오른다. 그래서인지 반성이나 성찰을 생각하면 뭔가 잘못한 기분이 들어 위축되고 그냥 하기 싫어진다.

둘째는 제대로 배운 적이 없기 때문이다. 성찰하라고 하면 왠지 조용한 장소에 가서 명상이나 사색을 해야 할 것 같은데, 정확히 무엇을 어떻게 할지 모르겠다. 성찰을 피하고 싶은데 방법까지 모른다면 실천하기 어렵다.

성찰에 대한 부정적 감정과 무지는 대부분 오해에서 비롯된다. 성찰의 본래 목적은 긍정적이다. 궁극적인 목적은 실수나 잘못을 지적하고 비판하는 것이 아니라 앞으로도 발전하기 위해 성장하고 성숙하는 것이다. 따라서 성찰할 때 위축될 필요가 없다. 자신의 성장을 위한 투자라고 생각하면 마음이 한결 편해질 것이다. 또한 성찰은 어렵지 않다. 오래전부터 체계적이고 간단한 성찰 방법들이 활용되어왔다.

성찰 방법 가운데 하나는 '사후 검토after action review, AAR'다. 이 방법은 미군이 군사훈련과 작전을 효과적으로 학습하고 개선하기 위해 개발했다. 임무 수행 후에 팀원이 모두 모여 무엇을 잘했고 잘못했는지를 평가하고 토론한다. 미군은 사후 검토를 통해 다양한 문제를 해결했으며, 전투 능력을 향상했다. 이후 미군뿐만 아니라 민간 기업, 조직, 학교 등에서 학습과 개선을 위한 도구로 이 방법을 사용하고 있다.

사후 검토는 세 가지 특징이 있다.[3] 첫째는 모든 팀원이 참여하는 개방적이고 솔직한 토론이다. 업무 개선을 위해 자발적으로 참여하고, 있는 그대로의 사실을 이야기한다. 이때 상대방을 비난해서는 안 된다. 둘째는 결과를 중심으로 분석한다. 과정보다는 업무 결과에 방점을 둔다. 셋째는 성공한 부분을 유지하고 장애물을 극복하는 방안을 모색한다. 이때 새로운 아이디어를 개방적으로 받아들인다.

사후 검토는 이렇게 진행한다. 어떤 업무나 프로젝트가 끝나면 팀원들이 모인다. 진행자가 네 가지 질문을 하고 팀원들이 토론한다.

첫 번째 질문은 '기대했던 결과는 무엇인가?'다. 업무에서 기대했던 결과를 묻고 업무 목표가 무엇이었는지, 고객은 누구였고, 마감 기한은 언제까지였으며, 예상했던 장애 요소와 결과물이 무엇이었는지를 점검한다.

두 번째 질문은 '실제로 나타난 결과는 무엇인가?'다. 결과가 좋았는지 또는 나빴는지를 판단하지 않고 어떤 일이 일어났는지에 초점을 맞추어 대화한다. 참여자들은 생각할 시간을 갖고 의견을 종이에 적는다. 이후 모든 참여자의 의견이 반영되도록 한 사람씩 의견을 발표한다.

세 번째 질문은 '무엇이 잘되었고, 그 이유는 무엇인가?'다. 잘한 부분부터 시작해서 편안하게 토론한다. 우수 사례를 최대한 발굴하고 격려한다. 시간이 부족하다면 성공에 가장 큰 영향을 준 사람들에게 물어봐도 좋다.

네 번째 질문은 '어떤 부분을 개선할 수 있고, 그 방법은 무엇인가?'다. 과거의 잘못을 지적하지 않고 미래의 개선 방안을 탐색하는 질문이다. 앞으로 비슷한 상황에서 성공하기 위해서는 무엇을 다르게 할 것인지, 이번 경험을 바탕으로 비슷한 업무를 하게 될 다른 팀에게 어떤 조언을 할 것인지를 물어본다.

진행자는 토론 분위기가 누군가를 비난하는 마녀사냥이 되지 않도록 주의해야 한다. 또한 과거의 문제에 빠져들지 않고 '다음에 어떻게 할 것인가?'라는 질문으로 미래의 성공에 초점을 맞추려고 노력해야 한다. 마지막으로, 진행자는 미래 개선을 위해 중요한 일에 참여한 팀원들에게 감사 인사를 하고 사후 검토를 마친다.

사후 검토는 혼자서 해도 괜찮다. 스스로 진행자가 되어 자신에게 질문하면 된다. 남의 눈치를 볼 필요가 없으니 솔직하게 대답할 수 있다. 너무 자책하거나 우쭐할 필요가 없으므로 편안하게 진행하면 된다. 중요한 업무 후 이런 방법으로 자신만의 성찰 시간을 갖는다면 성장에 도움이 될 것이다.

성찰을 통한 4단계 학습

우리는 일하면서 어느 정도 성찰을 할까? 성찰을 통한 학습에도 단계가 있다. 교육학자 잭 메지로Jack Mezirow는 성찰 학습을 4단계로 구분했다.[4]

1단계는 습관적 행위/학습이다. 직장에서 과거에 하던 대로 업무를 처리하거나 부서장의 지시대로 일하는 경우다. 매일 반복하는 습관에 따라 행동하고 학습하므로 의도적인 성찰이 일어나지 않는다.

2단계는 이해다. 학습 내용을 과거의 경험과 연결하지 않고 기존 관점으로만 이해한다. 예전에 해봐서 아는 업무이므로 과거에 했던 방식으로 일하는 경우다. 이해는 습관적 행위/학습보다는 좀 더 의도적이지만, 학습 내용을 과거 경험과 연결하여 생각하는 성찰이 일어나지 않는다.

3단계는 성찰이다. 학습 내용을 이해할 뿐만 아니라 기존에 지니고 있던 생각들을 비판적으로 사고한다. 이 단계의 직장인은 어떻게 하면 다음에 더 잘할 수 있을지를 고민한다. 성찰의 목표는 과거 경험을 평가하고 문제 해결 방안을 확인하면서 자신의 경험을 폭넓게 바라보는 것이다.

4단계는 비판적 성찰이다. 개인이 경험을 통해 기존에 갖고 있던 생각과 믿음을 바꾸며, 결국 행동까지 변화시키는 깊은 수준의 성찰이다. 일하는 과정에서 기존 방식보다는 새로운 방식을 시도하는 경우다.

1~4단계의 성찰 학습은 크게 두 가지로 나눌 수 있다. 1~2단계는 성찰이 일어나지 않는 무성찰 학습이고, 3~4단계는 성찰이 일어나는 성찰 학습이다.

자신이 일하면서 어느 정도 성찰하는지가 궁금할 수 있다. 성찰 단계를 확인할 수 있는 설문을 174쪽에 소개했다. 이 설문을 통해 현재 수준을 확인하고 성찰 단계를 높이는 데 활용할 수 있다.

사후 검토로 성찰에 필요한 질문을 알아보고, 설문을 통해 자신의 성찰 수준까지 파악했다면 이제 실천만 남았다. 바빠서 성찰할 시간이 부족한 바쁜 직장인을 위해 일상에서 시간을 쪼개 성찰하는 방법 세 가지를 소개한다.

첫째, 경험을 기록한다. 매일 기록할 필요는 없다. 기억에 남는 중요한 경험을 기록한다. 오늘 성공적으로 마무리한 일, 칭찬받았거나 인상적이었던 일, 기대에 미치지 못해 속상한 일 등을 기록한다. 기록하는 과정에서 경험을 떠올리고, 당시 행동을 돌아보는 성찰이 이루어진다. 기록은 변화를 만든다. 기록은 성찰로, 성찰은 변화로 연결되기 때문이다. 업무 경험을 기록하면 실력이 쌓인다. 기록은 자신이 편한 방법과 시간에 맞게 하면 된다. 아날로그와 디지털 방식 모두 좋다. 업무 시작 전이나 끝난 후에 기록해도 무방하다. 기록하는 행위 자체가 중요하다.

둘째, 출퇴근 시간에 잠시 성찰한다. 일하는 시간에는 바빠서 성찰할 시간이 없다면 출퇴근 시간을 활용해보자. 대중교통을 이용하면 1~2분 정도 하루 일을 돌아보며 성찰한다. 눈을 감을 수 있는 환경이면 정신을 집중하는 데 효과적이다. 출근할 때는 어제의 일을 돌아보고, 퇴근할 때는 오늘의 일을 성찰하면 된다. 재택근무 중이라면 업무를 마무리할 때 성찰하면 좋을 것이다.

셋째, 일하는 도중에 성찰한다. 업무 도중에 순간적으로 생각하며 성찰하는 방법이다. 같은 일을 해도 직관적으로 뭔가 다른 점을 느낄 때가 있다. '어! 뭔가 이상한데, 조금 전까지는 괜찮았는데'라는 생각이 들면 행동에 변화를 준다. 일단 멈춰서 점검하거나, 속도를 조절하며 상황을 관찰한다. 다른 방법보다 어려울 수 있지만, 일하면서 순간적으로 집중하면 가능하다. 물론 일하는 도중에 성찰하고, 일을 마친 후에 다시 성찰할 수 있다.

세 가지 중 편한 방법으로 잠시 시간을 내어 꾸준히 성찰한다면 당신의 성장은 지속될 것이며, 경쟁력 있는 사람으로 거듭날 수 있을 것이다.

■ 나는 어느 정도 성찰하고 있는가?

평소 본인의 생각이나 상황과 일치하는 정도에 해당하는 점수를 적으세요 (5점 척도).5

1 전혀 아니다	2 다소 아니다	3 보통이다	4 다소 그렇다	5 매우 그렇다

번호	문항	점수
1	업무를 고민하기보다 하던 대로 처리한다.	
2	업무가 평가되지 않는다면 고민할 필요가 없다.	
3	전략적이고 창의적인 업무보다 반복되는 업무를 더 잘한다.	
4	업무가 반복적이어서 생각할 필요가 거의 없다.	
5	지금 하는 일의 대부분은 이미 알고 있다.	
6	어떻게 하면 다음에 더 잘할 수 있을지를 자주 생각한다.	
7	해결 방법을 찾기 위해 과거 행동을 생각하는 것을 좋아한다.	
8	일할 때 하던 대로 하기보다 새로운 방식을 시도한다.	
9	이전과 다른 새로운 시각으로 자신을 바라본다.	
10	평소에 옳다고 믿었던 생각 가운데 틀린 것도 있다는 사실을 알고 있다.	

채점 방법
1. 무성찰 학습(1~5번 문항), 성찰 학습(6~10번 문항) 각각의 점수를 더한다.
2. 점수가 더 높은 쪽이 당신이 자주 하는 학습 행동이다.

실수를 숨기지 말고 드러내라

실수에도 배울 점이 있다

우리는 경험을 통해 자신의 행동을 성찰하며 새로운 사실을 배운다. 그런데 가끔씩 성찰에서 제외하는 경험이 있다. 바로 실수다. 당황스럽고 힘들었던 실수 상황을 다시 떠올리고 싶지 않기 때문이다. 누구나 실수한다는 사실을 알면서도 자신의 실수는 받아들이기 싫다. 생각해보면 자연스러운 반응이다. 하지만 실수를 잊고 외면한다면 그 실수는 다시 일어날 가능성이 크다. 같은 실수를 반복하는 상황은 더욱 싫다. 이런 상황을 피하려면 어떻게 해야 할까? 실수를 부정하거나 숨기지 말고 자신이 성장하고 학습할 기회로 바라볼 필요가 있다. 데일 카네기Dale Carnegie는 성공하는 사람은 실수에서 배우고 다른 방법으로 다시 시도한다고 말했다. 성장을 위한 소중한 자원으로 실수를 본 것이다.

실수에서 배우기 위해서는 3단계를 거쳐야 한다.

1단계, 실수를 인정한다. 실수를 있는 그대로 인정하고, 피해받은 사람에게 사과한다. 당연한 이야기 같은데 쉽지 않다. 완벽하길 바라는 자신이 실수했다는 사실을 인정하고 싶지 않다. 그래서 다른 사람이나 상황을 탓할 때도 있다. 게다가 실수를 인정했을 때 자신의 평판이 나빠질 것 같아 두렵다. 하지만 자신의 실수를 인정하지 않으면 평판에도 부정적일 수 있다. 자신은 실수를 부정하지만 동료들은 다르게 생각할 수 있기 때문이다. 자신의 실수를 인정하고 책임질 때 성장은 시작된다.

2단계, 실수 과정을 성찰한다. 당시 상황과 자신의 행동을 돌이켜보며 원인을 찾는다. 신체와 감정 상태는 어땠는지, 자신의 행동에 영향을 준 다른 요인이 있었는지도 생각한다. 또한 과거의 실수와 비교한다. 만일 같은 실수를 반복했다면 다음에도 실수할 수 있으므로 행동 패턴을 점검할 필요가 있다. 실수를 반복할 때 나타나는 상황이나 단서가 있는지를 파악한다.

3단계, 개선 계획을 수립한다. 앞으로 같은 실수를 반복하지 않도록 계획을 세운다. 같은 실수를 반복한다면 체크리스트를 활용하여 실수를 줄인다. 또한 일하는 방법을 바꾸거나 다른 사람의 지원을 받아도 좋다. 만일 이전에는 업무의 처음부터 끝까지를 혼자 처리했다면, 앞으로는 자주 실수하는 주요 지점을 동료와 함께 확인하는 과정을 추가한다. 이처럼 실수를 인정하고 성찰한 후 개선 계획을 수립하면 성장 기회로 삼을 수 있다.

2000년 미국 최고의 병원으로 인정받던 존스홉킨스병원의 외과계 중환자실에서 중심 정맥관(말초 정맥을 통해 중심 정맥까지 삽입되는 관) 감염이 1,000건당 19건 발생했다. 의료진은 중환자가 많은 병원의 특성상 감염은 어쩔 수 없는 일이라고 받아들였다. 그러나 집중치료팀의 의사 피터 프로노보스트Peter Pronovost의 생각은 달랐다. 감염을 의료진의 실수로 인식하고, 중심 정맥관 감염을 줄이기 위한 분석을 시작했다. 당시 질병통제예방센터에서 120쪽 분량의 중심 정맥관 감염 예방 지침을 발간한 상태였으나, 내용이 단순히 나열되어 있고 분량이 너무 많아 바쁜 의료진에게 별 도움이 되지 않았다.

프로노보스트는 의료진이 간단히 확인할 수 있는 효율적인 체크리스트를 만들기로 했다. 감염 예방 지침을 참고하고 의료진의 의견을 반영하여 감염 예방을 위한 다섯 가지 핵심 조치를 선정했다.[6] 첫째, 카테터(얇은 관)를 삽입하기 전에 비누나 알코올로 손을 씻는다. 둘째, 멸균 장갑, 모자, 마스크와 가운을 착용하고 멸균

방포로 환자를 완전히 덮는다. 셋째, 가능하면 사타구니에 카테터를 삽입하지 않는다. 넷째, 삽입할 부위의 피부를 소독액으로 깨끗이 닦는다. 다섯째, 필요 없는 카테터는 신속하게 제거한다. 프로노보스트는 이 내용을 담은 체크리스트를 만들어 의료진에게 전달했다.

그러나 체크리스트를 따르는 순응도가 38퍼센트에 불과했다. 현장을 살펴보니 모자와 마스크, 가운은 각기 다른 곳에 있었다. 의료진은 중환자를 치료하는 급박한 상황 속에서 모자를 찾으러 다닐 시간이 없었다. 프로노보스트는 체크리스트를 따르는 데 필요한 모든 물품을 한자리에 모았다. 그랬더니 순응도가 70퍼센트로 올랐다. 그는 순응도 100퍼센트를 달성하기 위해 주변에 도움을 요청했다. 경영진과 의료진을 설득하여 체크리스트를 따르지 않는 의료진을 보면 신고하는 시스템을 구축했다. 이후 모든 의료진이 체크리스트를 따르게 되었다.

체크리스트의 효과는 놀라웠다. 1년 후 외과계 중환자실의 감염률은 거의 0퍼센트로 떨어졌다. 프로노보스트는 어쩔 수 없는 일이었던 중심 정맥관 감염을 실수로 보고 원인을 분석하여 개선 계획을 세웠다. 그리고 자신의 계획대로 되지 않자 주변의 지원을 받아 시스템을 개선하여 성과를 거뒀다.

실수를 실력으로 바꾸는 방법

직장에서 실수를 실력으로 전환하는 두 가지 리스트를 소개한다. 첫 번째는 체크리스트다. 체크리스트는 어떤 일을 할 때 준비 사항을 잊지 않기 위해 적어두는 목록이다. 이미 많은 조직에서 체크리스트를 활용하고 있다. 업무별 체크리스트와 안전 관리를 위한 체크리스트는 물론 공중화장실에서도 청소 체크리스트를 볼 수 있다. 체크리스트는 반복적인 업무를 실수 없이 해야 할 때 유용하다. 업무에서 비슷한 실수를 반복한다면 체크리스트 만들기를 제안한다.

나도 보고서를 작성할 때 반복되는 실수를 줄이기 위해 5개 항목의 체크리스트를 만들었다. 첫째, 보고 목적에 적합한가? 보고서가 현황 파악, 기획, 행사, 결과 보고 등 목적에 맞는지를 확인한다. 둘째, 보고 내용이 정확한가? 내용의 사실 여부를 점검하고, 숫자를 한 번 더 확인한다. 셋째, 간결하게 정리했는가? 불필요한 수식어를 빼고 읽기 쉬운 문장을 만든다. 넷째, 이해하기 쉬운가? 논리적 비약이 있는지 확인하고, 전문 용어와 외래어를 피한다. 다섯째, 완결성을 갖췄는가? 보고서만으로 의사 결정이 가능한지를 점검한다. 이런 방법으로 업무에 적합한 체크리스트를 만들어 사용하면 효과적이다.

체크리스트를 잘 만들었는지를 점검하는 방법도 소개한다. 《체크! 체크리스트The Checklist Manifesto》의 저자 아툴 가완디Atul Gawande는 체크리스트를 잘 만들기 위한 체크리스트를 고안했다.[7] 자신이 만든 체크리스트를 점검할 때 활용하면 좋다. 먼저 체크리스트를 만들기 전에 이것을 만드는 명확하고 간결한 목표가 있는지, 각 항목이 꼭 필요한지를 확인한다. 다음으로 체크리스트 초안을 작성할 때는 단어가 쉽고 문장이 간단한지, 한 페이지에 모두 들어가는지, 쉽게 읽을 수 있을 만큼 글자가 큰지를 점검한다. 마지막으로, 작성한 체크리스트를 확인할 때는 업무 현장에서 사용한 후 수정했는지, 짧은 시간에 확인할 수 있는지를 검토하여 보완한다.

두 번째는 실수 리스트다. 실수한 내용과 당시 상황에 대한 기록이다. 여기에서는 실수 당시의 상황을 자세히 적는 것이 중요하다. 실수 행동에만 매몰되지 않고 주변 상황을 함께 살펴봐야 왜 실수했는지를 파악하고, 같은 실수를 반복하지 않을 단서를 찾을 수 있다. 몇 년 전 나도 실수 리스트를 작성했다. 20년 넘게 교육 프로그램을 기획하고 진행하면서 크고 작은 실수를 많이 했다. 혼자만 알고 있던 실수와 동료들에게 들은 이야기를 모아서 리스트를 만들었다. 여기까지만 해도 성장에 도움이 된다. 그러나 더욱 성장하기 위해서는 동료들과 실수를 공유하는 것이 좋다. 비슷한 실수를 저지른 경험을 나눔으로써 서로 공감하고 조언할 수 있다.

이처럼 체크리스트와 실수 리스트는 단순히 실수를 줄이는 도구를 넘어, 개인의 성장을 돕는 강력한 학습 시스템이 될 수 있다. 체크리스트는 반복되는 업무에서 실수 없는 실행력을 키우고, 실수 리스트는 실패 경험을 성찰적 학습의 자산으로 바꾸어준다. 특히 이 두 가지를 동료들과 공유하면 개인의 학습이 조직의 학습으로 확장된다.

실수를 숨기기보다 드러내고, 문제를 혼자 끌어안기보다 함께 나눌 때 우리는 더 큰 성장의 기회를 만날 수 있다. 결국, 실수를 줄이는 일보다 더 중요한 것은 실수를 통해 배우고 함께 성장하는 문화를 만들어가는 일이다.

피드백은 성장을 돕는 보약이다

성장에 꼭 필요한 피드백

몇 년 전 나는 책 쓰기에 도전했다. 첫 책을 내겠다는 부푼 마음으로 기획서와 원고를 준비해서 여러 출판사에 투고했다. 몇 주 후 답장이 오기 시작했다. 답장 내용은 비슷했다.

"저희 출판사에 투고해주셔서 감사드립니다. 원고를 편집팀에서 검토한 결과, 아쉽게도 저희 출판사의 기획 방향과 일치하지 않아 출간이 어렵다는 답변을 드립니다. 다음에 더 좋은 기회로 만나뵙기를 바랍니다."

처음에는 기대했던 답장을 받지 못해 실망이 컸지만, 유사한 메일을 20번 정도 받으니 어느새 거절에 익숙해졌다.

전문 작가나 교수, 셀럽이 아닌 일반 직장인이 책을 내기 어렵다는 사실을 알았지만, 실제로 부딪혀보니 충격이 컸다. '내 실력으로는 안 되나 봐'라는 생각이 들었다. 하지만 포기하고 싶지 않았다. 그래서 수정한 후 다시 도전하겠다고 마음먹었는데, 큰 문제가 있었다. 무엇을 어떻게 수정해야 할지를 전혀 몰랐다. 출판사의 답장에는 출판사의 방향과 맞지 않는다고만 쓰여 있을 뿐 구체적인 피드백은 없었다. 많은 원고에 일일이 피드백할 수는 없는 출판사의 입장을 알면서도 자세한 피드백을 받고 싶었다.

나는 출판사에 근무하는 분을 지인들을 통해 수소문했다. 그 결과 한 분을 소개받고 피드백을 받았다. 그분은 주제 선정과 집필 방식, 수정 방향 등을 자세히 설명한 후 마지막에 이렇게 적었다.

"결론적으로 말씀드리면 현재 기획안으로는 대중성 확보가 쉽지 않을 것으로 판단됩니다. 대중적으로 아주 유명한 저자의 원고, 핫 이슈가 아니면 쉽게 뛰어들지 못하는 게 그 때문입니다. 대중성을 좀 더 확보한 기획안으로 다시 뵐 수 있으면 좋겠습니다."

정말 고마운 피드백이었다. 초보 작가에게 이렇게 세세하게 알려주셔서 감사하다는 인사를 드렸다. 그런데 이상하게 마음이 쓰라렸다. 그토록 원하던 자세한 피드백을 받았는데 마음이 힘들었다. 내 원고의 부족함이 적나라하게 드러났고, 전문가가 제시한 수정 방향을 소화하기에는 내가 부족하다는 생각이 들면서 위축되고 자신감이 떨어졌기 때문이다. 그래서 한동안 펜을 잡지 못했다.

그래도 시간이 지나자 펜을 들 힘이 생겼다. 자세한 피드백을 참고해서 원고를 대폭 수정했다. 투고 결과는 놀라웠다. 출판사 몇 곳에 메일을 보낸 지 하루 만에 세 곳으로부터 계약하자는 연락을 받았고, 결국 출간에 성공했다. 그 이유는 객관적이고 상세한 피드백 덕분이었다. 만일 그 피드백을 받지 않았다면 어떻게 되었을까? 두 가지 시나리오가 떠오른다. 하나는 내 생각과 방식을 고수하다가 다시 실패한다. 그러면서 좋은 원고를 알아보지 못한다며 세상을 탓했을 것이다. 다른 하나는 나의 부족한 실력을 탓하며 책 출간을 포기했을 것이다. 결국 구체적인 피드백을 받지 않았다면 출간에 실패했을 가능성이 크다. 이 경험을 통해 피드백의 중요성을 체감했고, 성장을 고민하는 사람들에게 적극 피드백을 받도록 권하게 되었다.

우리는 사람들과 함께 살아간다. 직장에서는 부서장, 동료, 고객 등과 함께 일하고, 일상에서는 가족, 친구, 지인들을 만난다. 이들은 성장과 행복에 영향을 미친다. 따라서 이들이 나를 어떻게 바라보는지를 아는 것이 중요하다. '조해리의 창 Johari's window'은 나와 타인의 관계에서 어떤 면을 개선하면 좋을지를 알려주는 유용한 개념이다. 조해리의 창은 크게 네 가지로 구성된다. 자신도 알고 타인도 아는 '열린 창', 자신은 알지만 타인은 모르는 '숨겨진 창', 자신은 모르지만 타인은 아는 '보이지 않는 창', 나와 타인 모두가 모르는 '미지의 창'이다. 개인이 아무리 똑똑해도 열린 창과 숨겨진 창만 볼 수 있고, 보이지 않는 창과 미지의 창을 알 수는 없다. 하지만 피드백을 받으면 자신은 모르지만 타인은 아는 '보이지 않는 창'도 알게 된다. 자신에 대해 미처 알지 못했던 정보를 드디어 확보하는 순간이다. 성장에는 피드백이 필요하다.

열린 태도로 피드백을 경청하라

피드백은 크게 두 가지로 구분된다. 하나는 긍정적 피드백이다. 어떤 행동이나 노력을 칭찬하고 격려하는 것이다. 긍정적 피드백은 긍정적인 행동과 결과를 인정함으로써 자신감을 향상하고 동기를 부여하기 위해 한다. 다른 하나는 발전적 피드백이다. 부정적 피드백이라고도 하지만, 상대방의 발전과 성장을 위해 한다는 의미로 발전적 피드백이라고 부른다. 발전적 피드백의 목적은 개선이 필요한 부분을 조언함으로써 상대방의 성장을 돕는 것이다.

그런데 실제 현장에서는 조언을 가장한 잔소리가 많다.

잔소리와 조언은 엄연히 다르다. 잔소리는 주로 과거의 잘못이나 행동을 꾸짖거나 비난함으로써 상대방이 반성하도록 유도하는 행동이다. 반면 조언은 상대방에게 정보와 도움을 줌으로써 현재나 미래의 행동과 성과를 개선하도록 돕는 행동이다. 잔소리와 조언에서 중요한 것은 피드백하는 사람의 의도다. 비난하기 위해 잔소리하면 당장은 속 시원할 수 있으나, 듣는 사람의 마음이 닫히기 때문에 행동이 개선되지 않는다. 그러나 성장을 위해 조언하면 상대방의 마음이 열려 개선으로 이어진다. 피드백을 받는 사람이 행동을 개선하도록 바란다면 조언을 하는 것이 현명하다.

이제 중요한 건 피드백을 수용하는 마음가짐이다. 아무리 좋은 조언을 들어도 받아들이지 않는다면 밑 빠진 독에 물 붓는 격이다. 열린 마음이 필요하다. 그런데 마음을 열고 들어도 발전적 피드백이 불편할 수 있다. 나도 원고에 대한 자세한 피드백을 스스로 원해서 지인에게 부탁해 들었는데도 자신감이 떨어지고 위축되었다. 스스로 듣고 싶어서 요청한 피드백에도 마음이 쓰라렸는데, 요청하지 않은 피드백을 듣는다면 마음이 더욱 힘들 수 있다. 피드백은 입에는 쓰지만 건강에는 좋은 보약과 같다. 처음에는 마음이 쓰리지만, 미래를 향한 성장에는 도움이 된다. 그러니 발전적 피드백도 긍정적으로 수용해서 성장의 발판으로 삼는 것이 좋다.

성장을 위한 피드백을 받고 싶다면 어떻게 해야 할까? 역지사지가 답이다. 당신은 어떤 사람에게 진심 어린 조언을 하고 싶은가? 사람마다 다르겠지만 세 가지 조건을 갖추면 발전적 피드백을 받을 가능성이 커진다.

첫째, 원만한 관계를 유지한다. 조언은 평소에 좋은 관계로 지내는 사람에게 하고 싶기 마련이다. 조언은 하는 사람도 조심스럽다. 괜히 진지하게 말했다가 관계가 불편해질 수 있기 때문이다. 따라서 조언해줄 사람과 긍정적인 관계를 형성해야 진심 어린 피드백을 받을 수 있다.

둘째, 피드백을 먼저 요청한다. 조언하는 사람은 어지간해선 먼저 말하지 않는다. 상대방이 잔소리로 받아들일 수 있기 때문이다. 그래서 가까운 상대가 고민이 있다며 조언을 요청할 때 말하고 싶어 한다. 만일 업무에 대한 피드백을 듣고 싶다면 해당 업무가 끝난 직후에 요청하는 것이 효과적이다. 그래야 피드백하는 사람도 정확하게 기억해서 말할 수 있다.

셋째, 열린 마음을 갖는다. 친한 사람에게 조언을 요청하더라도 열린 마음으로 들어야 제대로 피드백할 수 있다. 한 귀로 듣고 흘릴 것 같으면 상대가 진심이 아니라 형식적으로 조언할 가능성이 있다. 게다가 나이가 많을수록 신경 쓸 일이 있다. 경력이 쌓일수록 피드백하는 사람이 줄어든다. 후배들이 선배에게 피드백하기는 불편하기 때문이다. 따라서 가만히 있으면 피드백으로부터 점점 고립된다. 이때는 후배에게 먼저 다가가 피드백을 요청하는 열린 마음도 필요하다. 인공지능에 질문하는 것도 괜찮은 방법이다. 피드백을 요청할 때도 요령이 있다. "앞으로 어떻게 하면 더 좋을까?"와 같이 미래를 위한 개선 방안을 물어보면 상대방이 부담을 덜 느껴서 구체적인 피드백을 얻을 수 있다.

피드백은 우리의 성장을 돕는 보약이다. 보약 같은 피드백을 기다리지 말고 먼저 요청하는 적극성이 필요하다. 입 벌리고 기다린다고 감이 떨어지지는 않는다.

6장

나의 가치를 높일 수 있는가
: 두려움과 안락함을 이기는 '변화 도전'

나는 무엇을 하고 싶은가

특별히 잘하는 게 없다면

"자기 계발을 하고 싶은데, 특별히 잘하는 것이 없어서 무엇을 해야 할지 모르겠어요."

커리어 코칭에 참여하는 여러 사람이 고민하는 내용이다. 나 역시 예전에 비슷한 고민을 했다. 조직 생활에 익숙해지면서 반복되는 업무에 안주하게 되었고, 이대로 괜찮은 건지 막연한 불안이 찾아왔다. 무언가 배우고는 싶었지만, 딱히 잘하는 게 없다고 느꼈다. 그럴수록 '나만 뒤처지는 건 아닐까' 하는 초조함이 더해졌다.

요즘은 이런 고민을 하는 직장인이 더 많아진 것 같다. 인공지능과 로봇 기술이 빠르게 발전하면서 많은 사람이 자신을 지키기 위한 스킬 확보에 몰두하고 있다. 코딩, 데이터 분석, 프롬프트 작성법 같은 키워드가 자기 계발 시장에서 두각을 나타내고 있다. 하루가 멀다 하고 강의가 쏟아지고, SNS에는 '이제는 ○○ 시대'라는 메시지가 넘쳐난다. 마치 이 흐름에 올라타지 않으면 금세 도태될 것 같은 분위기다.

하지만 모든 사람이 그런 기술 기반 역량에 강점을 가진 것은 아니다. 중요한 건, 자기 계발이 타인의 기준에 맞춘 따라 하기가 아니라 자기 자신을 이해하고 그에 맞는 방향을 찾는 과정이라는 점이다. '미래를 준비하고 싶은데', '열심히 살고 싶은데', '이대로 살면 안 될 것 같은데' 등 비슷한 고민을 하는 사람들은 이 상황과 자신이 답답하다고 말한다. 이런 고민을 하는 것 자체가 바람직한 일이다. 자기 계발의 필요성을 인식하고 무언가를 하겠다는 의지가 있기 때문이다. 자기 계발에서는 무엇보다 실천 의지가 중요하다. 아무리 효과적인 방법도 의지가 없다면 무용지물이기 때문이다. 의지는 성장의 출발점이다. 의지가 있어야 실천할 수 있고, 실천해야 성과로 연결될 수 있다. 그런데 실제로 자기 계발에 대한 의지가 있는 사람은 그리 많지 않다. 그래서 나는 의지를 가진 사람이 대단하다고 생각하고, 현실적 방법을 찾도록 돕고 싶다.

앞의 고민은 무언가 하고 싶은데 무엇을 하고 싶은지 모르는 경우다. 목적어가 없는 것이다. 우리는 이런 고민을 자주 한다. '배고픈데 무엇을 먹을지 모르겠어.' '놀고 싶은데 무엇을 할지 모르겠어.' 누군가에게는 쉬운 선택이 다른 누군가에게는 어려운 문제다. 게다가 한 끼 식사가 아닌 경력의 방향을 선택하는 일은 더욱 무겁게 느껴진다. 이때 어떻게 하면 좋을까?

진짜 원하는 것이 무엇인지 고민하라

첫 번째는 내면의 목소리에 귀 기울이는 것이다. 당신은 그동안 열심히 살아왔다. 사람들이 쉬고 있는 이 시간에도 당신은 미래를 준비하기 위해 책을 읽고 있다는 사실이 그 증거다. 이 사실만으로도 훌륭하지만, 당신은 여기에 만족하는 사람이 아니다. 더 나은 내일을 위해 성장하고 싶은 사람이다. 그런 당신을 응원한다.

당신은 지금까지 살아오면서 내면의 목소리에 자주 귀 기울였는가? 대학이나 전공을 선택할 때, 또는 직장을 정할 때 당신이 진정 원하는 방향을 선택했는가? 혹시 주변의 권유와 기대에 부응하기 위해 당신이 원하지 않는 선택을 하지는 않았는가? 자신이 원하는 대로 선택해도 후회할 때가 있는데, 원하지 않는 선택으로 현재의 삶이 힘들다면 후회는 더욱 클 것이다. 이번에는 당신이 진정 원하는 방향을 찾으면 좋겠다.

내가 코칭을 하면서 조금 놀랐던 점은 2030세대뿐만 아니라 경험 많은 4050세대도 무엇을 해야 할지 모르겠다며 고민한다는 사실이다. 코칭에서 만난 한 분은 한숨을 내쉬며 이렇게 말했다.

"일이 바쁘니까 나중에 생각해야겠다고 미루면서 하루하루 살았더니 어느덧 50대 중반이 되었네요. 시간이 너무 빨리 지났어요."

과거를 후회하는 그분께 나는 이렇게 말했다.

"아직 늦지 않았어요. 이번에는 우리가 그 해답을 찾아서 후회 없는 인생을 만들어보면 어떨까요?"

세월이 흐른다고 이런 고민이 저절로 해결되지 않는다. 밀도 있게 고민하고 실천해야 방향을 찾을 수 있다. 고민을 나중으로 미룬다고 남이 해결해주지 않는다. 자신이 해결해야 하는 문제이기 때문이다.

오늘은 진지하게 자신에게 질문해보자. '나는 어떤 사람이 되기를 원하는가?' '나는 무엇을 하고 싶은가?' 막연한 생각으로 머물지 않게 펜을 꺼내 적어보자. 지금 쓰는 대로 살아야 한다고 부담을 가질 필요는 없다. 지금 적는 내용이 완성된 그림이 아닌 스케치라고 생각해보자. 스케치는 지우고 다시 할 수 있으니 생각나는 것을 편하게 적어보자. 떠오르지 않는다면 이런 질문을 해보자. '예전에 좋아했던 것은 무엇인가?' '오늘 하고 싶은 것은 무엇인가?' '내가 좋아하는 가치는 무엇인가?' 사소한 듯한 생각도 일단 적는 것이 중요하다. 작은 생각에서 실마리를 찾을 수 있다. 그러니 한 줄이라도 써보자.

성장과 자기 계발의 방향을 인식하는 두 번째 방법은 다른 의견을 듣는 것이다. 사람에게는 자기 생각이 있어야 하지만, 혼자만의 생각에는 한계가 있다. 다른 의견을 들으면 내 생각이 더욱 풍성해진다. 가장 쉽게 다른 의견을 듣는 방법은 정보 검색이다. 관심 분야를 검색하면 이전에 알지 못했던 새로운 정보를 접할 수 있다. 요즘은 전문 분야의 자료도 쉽게 찾아볼 수 있다. 좋아하는 것, 하고 싶은 것을 검색하면 다양한 사람들의 이야기를 들을 수 있다. 그들의 영상을 보다가 자신과 비슷한 부분을 접하면 "맞아!"라는 탄성이 나온다. 영상뿐만 아니라 책이나 블로그를 통해 다른 사람들의 이야기를 들어도 도움이 된다. 또한 생성형 인공지능에 질문해도 전문가 수준의 의견을 들을 수 있다. 자신의 상황과 고민을 구체적으로 질문하면 맞춤형 정보를 얻을 수 있다.

정보 검색보다 좋은 방법은 다른 사람을 직접 만나는 것이다. 정보 검색은 간접 체험이지만, 만남과 대화는 직접 체험이다. 더욱 생생하게 느끼고 궁금한 내용을 바로 물어볼 수 있는 만남을 추천한다. 특히 자신이 어떤 분야를 좋아하는지를 잘 모를 때, 그 분야에서 일하는 사람을 만나면 자신의 마음을 들여다볼 수 있다.

내가 코칭에서 만난 박 프로는 관심있는 분야가 있는데 자신이 실제로 좋아하는지 잘 모르겠다며 답답함을 표했다. 박 프로에게 자신의 마음을 확인하는 데 어떤 방법이 좋을지 물었더니, 해당 분야에서 일하는 사람을 만나고 싶다며 도움을 요청했다. 지인의 도움을 받은 나는 그 분야에서 일하는 사람을 소개했다. 박 프로는 그 사람을 만나고 나서 이렇게 말했다.

"직접 만나 이야기를 나눠보니 이전에 몰랐던 것을 많이 알게 되었고, 그동안 막연했던 생각이 구체화되는 것 같아 좋았어요. 마음속 안개가 조금 걷히는 느낌이에요."

박 프로는 자신이 뭘 좋아하는지 알 것 같다며 좋아했다.

세 번째 방법은 뭐라도 시작하는 것이다. 운동도 좋고 독서도 좋으며 영어 공부도 좋다. 막연한 고민만 하면서 시간을 보내는 것보다 시행착오를 통해 방향을 찾는 것이 낫다. '나는 원하는 것을 정확하게 찾아 거기에만 집중하고 싶어'라고 생각할 수 있다. 하지만 원하는 것을 찾기가 쉽지 않으니 일단 시작해보는 것이 좋다.

뭐라도 시작하는 방법에는 두 가지 장점이 있다. 하나는 내가 원하는 것을 찾는 데 도움이 된다. 조금이라도 관심 있는 분야의 후보 몇 가지를 골라 하나씩 체험해보면 머릿속 생각과는 다른 면을 경험하게 된다. '영어를 공부해볼까?' 하고 시작했는데 생각보다 재미있다면 영어 공부에 더 집중할 수 있고, 예상했던 것만큼 흥미를 느끼지 못한다면 다른 방향을 탐색할 수 있다. 마트에서 음식을 사기 전에 시식하는 것과 비슷한 원리다. 음식을 겉만 보고 바로 사는 것보다 몇 가지를 시식한 후 고르는 방법이 현명하다.

다른 하나는 실천 근육을 단련할 수 있다. 달리기를 안 하던 사람이 갑자기 마라톤을 완주할 수는 없다. 운동장 한 바퀴부터 시작해서 조금씩 늘려야 가능하다. 만일 6개월 동안 영어를 열심히 공부했는데 나중에 영어를 사용하지 않는 분야에서 일하게 되면 '영어 공부에 시간을 낭비했구나'라는 생각이 들 수 있으나, 너무 속상해할 필요는 없다. 6개월 동안 영어 공부를 끈기 있게 실천했기 때문이다. 꾸준히 공부하는 동안 자신도 모르게 실천 근육이 강해졌다. 6개월 동안 꾸준히 운동장을 달리면 다리 근육이 튼튼해지는 것처럼 말이다. 그동안 영어 공부로 시간을 낭비한 것이 아니라 실천 근육을 단련했다고 볼 수 있다. 앞으로 자신이 원하는 것에 집중할 때 잘 단련한 실천 근육이 큰 힘을 발휘할 것이다.

안락지대의 편안함에서 벗어나라

왜 새로운 것을 두려워하는가

사람들은 익숙한 환경을 선호한다. 편안해서 그렇다. 자주 보고 접해서 크게 신경 쓸 일도 없으니 스트레스도 적다. 또한 익숙한 환경은 안전하다. 익숙하지 않은 환경에서는 예상하지 못한 위험에 노출될 수 있으나, 익숙한 환경에서는 그럴 위험이 적다. 평소에 하던 행동을 편안하게 계속할 수 있다. 이렇게 편안하고 안전한 환경에서 일하면 효율이 올라간다. 익숙한 환경에서 자신 있게 일하므로 실수가 줄고 생산성이 높아진다. 심리학에서는 이처럼 편안하고 익숙한 장소나 인간관계, 생활 방식, 분야 등의 환경을

'안락지대comfort zone'라고 부른다.

당신의 안락지대는 무엇인가? 내게 최고의 안락지대는 아침 이불 속이다. 알람 소리에 눈을 떠도 아직 온기가 남아 있는 이불 속에 계속 머물고 싶다. 그래서 이불을 덮은 채 스마트폰으로 이것저것을 보며 시간을 보내기도 한다. 직장도 빼놓을 수 없는 안락지대다. 오랫동안 함께 일한 동료들이 편하고 업무가 익숙해서 그렇다.

안락지대는 편안함을 주는 동시에 우리를 안주하게 한다. 그래서 안락지대에만 머물면 성장 기회를 놓칠 수 있다. 비슷한 일을 같은 방식으로 반복할 가능성이 커서 새로운 경험과 학습의 기회가 줄어든다. 또한 안락지대에 오래 머물면 지루해질 수 있다. 똑같은 일을 반복하면서 처음의 열정과 재미가 줄어들고 성취감을 느끼지 못하는 것이다. 그래서 전문가들은 성장과 성공을 위해서는 안락지대를 벗어나라고 조언한다. 익숙한 환경에서 벗어나 불편함을 경험하면서 새로운 지식과 기술을 배우고 과감하게 도전해야 성장할 수 있기 때문이다.

성장을 원하면서도 안락지대를 벗어나기 힘들 때가 있다. 여기에는 두 가지 이유가 있다.

첫째는 두려움이다. 그동안 익숙한 환경에서 안정적으로 그럭저럭 지내왔는데, 괜히 새로운 환경으로 이동했다가 잘못될 수 있다는 염려다. 새로운 방식을 시도했다가 성과를 거두지 못할 수도 있고, 새로운 일에 적응하지 못해 실패할 수도 있다. 사람은 불확실하고 위험한 상황을 피하려는 성향이 있어서 익숙한 환경에 머물고 싶어 한다.

둘째는 불편함이다. 안락지대는 익숙하고 편하다. 이 환경에서 일하는 방식은 이미 습관이 되었다. 습관의 특성은 한 번 정착되면 큰 에너지를 사용하지 않아도 실행된다는 것이다. 그동안 익숙해진 환경에서 최적화된 습관으로 잘 지내왔는데, 안락지대를 벗어나면 기존 습관이 흔들린다. 새로운 환경에서 기존과 다른 방식으로 행동하려면 뿌리 깊은 습관에서 벗어나기 위한 에너지가 필요하다. 그런데 인간은 생존을 위해 에너지를 아끼려는 성향이 있어서 안락지대를 벗어나기 싫어한다.

하지만 이제 안락지대를 벗어나야 할 이유가 하나 더 생겼다. 바로 인공지능을 포함한 기술의 발전이다. 첨단 기술이 경영 환경을 변화시키고 각 분야에 접목되면서 직장인들의 업무와 일하는 방식도 바뀌고 있다. 지금 하는 업무가 없어지거나 다른 업무와 통합될 수 있고, 현재와 다른 방식으로 처리될 수도 있다. 안락지대가 유지되기 어려운 상황이다. 과거에는 성공을 위해 안락지대를 떠났지만, 미래에는 생존을 위해 떠날 것이다. 아직 늦지 않았으니 지나치게 불안해할 필요는 없다. 지금부터 안락지대를 벗어나는 연습을 시작한다면 성장과 성공을 충분히 잡을 수 있다.

현실적으로 실행할 수 있는 새로운 경험

안락지대를 벗어나기 위해서는 새로운 경험이 필요하다. 직장에 다니면서 현실적으로 실행할 수 있는 방법을 알아보자.

첫째, 새로운 지식을 학습한다. 새로운 학습은 안락지대를 벗어나는 첫걸음이다. 공정 기술 업무를 담당하는 강 책임은 급변하는 환경에서 차별화된 역량을 갖추기 위해 파이썬 공부를 시작했다. 유튜브로 기초 강의를 들으며 이후의 학습 계획도 세워놓았다. 그는 파이썬을 공부하면서 현업에 도움이 되는 도구를 하나씩 만들어 적용할 계획이며, 이 학습을 통해 회사에서도 인정받고 싶어 한다. 강 책임은 새로운 지식을 자기 주도적으로 학습하며 미래를 준비하고 있다. 이처럼 새로운 지식이나 기술을 학습하면 기존 업무를 새로운 관점과 방식으로 실행하거나, 새로운 업무에 도전하는 데 도움이 된다. 온라인 강의, 오프라인 교육, 워크숍 가운데 적합한 방법을 택하여 참여할 수 있다.

둘째, 새로운 사람을 만난다. 직장인이 만나는 사람들을 구분해보자. 먼저 같은 조직에서 같은 직무를 하는 부서 동료들이다.

이들은 소중하지만 같은 안락지대에 있으므로 새로운 사람의 부류에서는 제외된다. 다음 부류는 같은 조직에서 다른 직무를 하는 사람들이다. 이들과 대화하면 같은 조직에서 일한다는 공감대가 형성되는 동시에 그들의 힘든 사연을 들으면서 '나만 힘든 게 아니었구나'라고 생각하고 위로받기도 한다. 조직을 폭넓게 이해하는 데 도움이 된다. 또 다른 부류는 다른 조직에서 같은 직무를 하는 사람들이다. 나도 몇 년 전부터 인재 개발 부서장 모임에 참여하면서 많은 것을 배우고 있다. 조직은 다르지만 같은 직무를 하다 보니 유용한 정보를 접하고 궁금한 내용을 질문하면서 서로 배울 수 있다. 이런 모임을 검색하면 어렵지 않게 찾을 수 있다. 마지막 부류는 다른 조직에서 다른 직무를 하는 사람들이다. 이들을 만나면 자신이 경험하지 못한 다양한 관점과 분야의 이야기를 들으며 이해의 폭을 넓힐 수 있다. 만나기 어려울 것 같지만 의외로 쉽다. 동창회나 취미 모임에 나가면 대부분의 구성원이 다른 조직에서 다른 업무를 한다. 예를 들어 동창회에 가서 추억만 이야기하지 말고 현재 하는 일이나 미래 전망 등을 논의한다면 더 생산적인 모임이 될 것이다. 지금까지 언급한 네 부류의 사람들을 어느 정도의 비율로 만나고 있는지를 점검할 필요가 있다.

셋째, 새로운 업무를 경험한다. 새로운 업무를 맡으면 새로운 지식과 기술을 배우고 새로운 사람을 만나면서 역량이 확장된다.

새로운 업무라고 하면 이직이나 창업이 떠오를 수 있지만, 조직 내에서도 새로운 업무를 다양하게 경험할 수 있다. 그중 하나는 부서 내의 다른 업무를 맡는 방법이다. 부서의 다양한 업무 가운데 그동안 하지 않았던 일을 통해 성장할 수 있다. 다음으로 조직 내 프로젝트, 태스크포스팀, 위원회 등에 참여하여 단기적으로 다른 업무를 경험할 수 있다. 조직의 다른 부서로 이동하는 방법도 있다. 해외 사업장이 있다면 해외 근무에 지원할 수도 있다. 평소 경험하고 싶은 부서나 해외 사업장에 도전한다면 경력 개발에 좋은 기회가 될 것이다.

성장하고 싶은데 다른 업무를 경험할 기회가 없다면 어떻게 해야 할까? 기존 업무의 수준을 높이는 방법을 추천한다. 업무를 개선하거나 가르칠 수 있는 수준으로 자신의 전문성을 높이는 방법이다. 자신과 같은 업무를 하는 국내 또는 세계 최고의 전문가와 비교하면 해답을 찾을 수 있을 것이다. 끝으로, 업무에는 관심이 없다면 평소 관심을 두고 지켜봤던 취미를 개발해도 좋다. 이를 통해 삶의 활력과 새로운 통찰을 얻을 수 있다.

따뜻한 이불 속에 머물고 싶어도, 출근하려면 이불 밖으로 나와야 한다. 환경이 급속히 변화하여 미래가 불투명한 지금은 안락지대에서 벗어나 새로운 경험에 도전하는 행동이 더욱 중요하다.

도전을 즐겨라

시행착오를 두려워하지 말라

누구나 일하면서 시행착오를 경험한다. 그러나 시행착오를 대하는 자세는 사람마다 다르다. 시행착오를 부정적으로 받아들이는 사람은 도전하기도 전에 실패할까 두려워한다. 도전을 실패 위기로 인식해서 새로운 시도를 꺼린다. 도전을 부정적으로 바라보면 위축되고 경직된다. 가만히 있으면 중간은 간다는 생각으로 아무 도전도 하지 않게 된다. 도전하지 않으니 성장하지 못한다. 반면 시행착오를 긍정적으로 받아들이는 사람도 있다. 누구나 시행착오를 경험한다는 사실을 인정하고 배울 점을 찾는다. 도전을 실패

위기가 아닌 성공의 기회로 바라본다. 도전 자체를 즐기므로 도전할 기회가 오면 기꺼이 손을 든다.

발명가 토머스 에디슨Thomas Edison은 전구를 발명하면서 수없이 실패했다. 기자가 1,000번 실패했을 때의 기분을 묻자 에디슨은 1,000번을 실패한 것이 아니라 단지 1,000번의 단계를 밟아 전구를 발명했을 뿐이라고 답했다. 시행착오 없이 성공하긴 거의 불가능하다. 따라서 성장과 성공을 원한다면 시행착오를 두려워하지 말고 과감히 도전할 필요가 있다.

도전을 다룬 책들을 보면 에디슨이나 성공한 기업가처럼 탁월한 업적을 남긴 사람들에 관한 이야기가 대부분이다. 평범한 직장인을 다룬 책을 찾아보기 어렵다. 그래서인지 직장인들은 도전이 자신과 무관하다고 여긴다. 하지만 도전을 거창하게 생각할 필요가 없다. 생각해보면 우리는 그동안 많은 것에 도전했다. 입사 면접을 봤을 때, 새로운 업무를 맡았을 때, 영어나 자격시험 공부를 시작했을 때, 문제 해결을 시도했을 때, 새로운 아이디어를 제안했을 때 우리는 도전했다. 도전은 어떤 목표를 달성하기 위한 행동이다. 우리 주변에도 도전을 통해 성장하는 직장인들이 있다.

보험회사에 다니는 이 프로는 그래픽디자인 전문가다. 이 프로는 고등학교를 졸업한 후 사무직으로 입사했지만, 손재주가 많은 자신의 강점을 살리고 싶었다. 여기에서 첫 번째 도전을 시도했다. 직장에 다니면서 대학에 입학해 시각디자인을 전공하기로 마음먹은 것이다. 그는 디자인을 공부하던 도중 부서장의 추천으로 부서를 옮겨 정식으로 디자인 업무를 맡게 되었다. 원하던 업무를 한다는 기쁨도 잠시, 큰 난관을 만났다. 디자인 담당은 한 명뿐인데 전임자는 예전에 그만두었고 제대로 된 업무 지침서도 없었다. 디자인 업무를 처음 하는 이 프로는 너무나 당황스러웠다. 컴퓨터 파일들 속에서 숨은그림찾기를 하며 하루하루 버텨나갔다. '내가 지금 제대로 하는 건가?'라는 불안이 머릿속을 맴돌았다.

이대로는 안 되겠다고 생각한 그는 두 번째 도전을 시작한다. 퇴근 후 디자인을 공부했다. 주말에는 외부 스터디 모임에 나가 강의를 들었고, 대학원에 입학하여 시각디자인 석사 학위를 취득했다. 또한 일본 색채학교와 디자인진흥원의 전문 과정을 수료하는 등 꾸준히 학습했다. 실력이 높아지고 다양한 업무에서 성과를 거두면서 회사에서 인정받기 시작했다. 최근에는 회사에서 올해의 직원상과 해외 콘퍼런스에서 발표 최우수상을 받는 기쁨도 누렸다.

승승장구하던 그에게 세 번째 도전이 찾아왔다. 바로 인공지능이다. 인공지능 기술은 인간이 입력하는 내용에 맞는 디자인을 자동으로 생성하는 수준으로 발전했다. 많은 사람이 인공지능 때문에 일자리가 불안해질 것이라고 생각하지만 그는 담담한 어조로 이렇게 말했다.

"인공지능은 보편적인 작업 시간을 단축하는 데 무척 효과적이지만, 결과물을 가공하는 전문가의 디테일이 결국 차별성을 만든다고 생각합니다."

이 프로는 인공지능을 활용하여 기본 작업 시간을 줄이고, 남은 시간을 기능보다는 콘텐츠를 살리는 전문가의 능력에 집중할 계획이다. 이 프로는 지금까지 세 번의 도전을 통해 뛰어난 성과를 쌓았으며, 오늘도 성장과 성과를 향해 도전하고 있다.

성과를 향한 5단계 도약법

직장인에게는 성과가 중요하다. 성과를 내야 개인과 조직이 생존하고 성장할 수 있기 때문이다. 직장인이 인정받고 자신의 가치를 높이려면 성과를 창출해야 한다. 그런데 억울하고 속상할 때가 있다. 열심히 일했는데도 인정받지 못할 때 그렇다. 이때는 자신의 성과 수준을 점검할 필요가 있다. 성과라고 다 똑같지는 않다. 성과에도 수준이 있기 때문이다.

인적자원개발학자 리처드 스완슨 Richard Swanson 은 성과를 5단계로 분류했다.[1]

1단계는 이해다. 기존에 일하던 방법과 프로세스의 내용을 이해하는 단계다.

2단계는 실행이다. 업무 방법과 프로세스, 시스템의 기능을 실행하고 제어하는 능력이다. 머리로 이해한 내용을 실천으로 옮기는 단계다. 직장인이라면 2단계까지는 기본이다. 1~2단계에 실수를 반복한다면 성과를 인정받기 어렵다. 지속적인 연습과 체크리스트 등을 통해 일상적 업무를 깔끔하게 처리해야 한다. 과거에는 2단계인 실행만 잘하면 직장 생활에 별문제가 없었다. 그런데 첨단 기술이 급속히 발달하면서 1~2단계인 이해와 실행이 자동화되고 있다. 세상은 이제 최소 3단계 이상의 성과를 원하고 있다. 현재 2단계에 머물러 있다면 서둘러 3단계에 도전할 필요가 있다.

3단계는 문제 해결이다. 기존 방법과 프로세스, 시스템에서 문제의 원인을 찾아 해결하는 단계다. 업무 도중 발생하는 문제에 당황하지 않고 잘 해결하면 일 잘하는 사람으로 인정받기 시작한다. 그동안 주어진 업무를 실수 없이 수행하는 데 만족했다면, 앞으로는 문제 해결 능력에 관심을 가질 필요가 있다. 현재 3단계 수준이라면 더 높은 수준에 도전할 것을 추천한다. 문제 해결 능력 자체는 훌륭하지만, 3단계까지는 기존 시스템을 유지하는 수준이다. 급변하는 환경에 대응하기 위해서는 기존 시스템을 유지하는 것만으로는 부족하다.

4단계는 개선이다. 기존 방법과 프로세스, 시스템을 더 나은 상태나 품질로 발전시키는 능력이다. 이전까지는 발생한 문제를 해결하는 데 집중했지만, 4단계에서는 문제를 예방하고 성과를 향상하기 위해 프로세스와 시스템을 개선한다. 개선을 통해 실수와 불량률을 줄이고, 시간을 단축하며 실적을 높일 수 있다. 꾸준한 개선은 성과 향상을 돕는다.

5단계는 발명이다. 연구나 실험을 통해 새로운 방법과 프로세스, 시스템을 만들어내는 단계다. 창의성을 바탕으로 성과를 이루는 탁월한 능력이다. 발명가나 창작자가 아닌 직장인에게 발명이란 단어가 부담스러울 수 있지만, 하늘 아래 새로운 것은 없다. 기존의 것들을 결합하면 새로운 아이디어가 나온다. 업무 중에 불편하다고 느꼈던 점, 고객이 불편하다고 말한 내용에서 출발하면 된다. 앞에서 소개한 디자인 전문가인 이 프로도 새로운 아이디어를 디자인에 접목하면서 성과를 창출하고 있다. 새로운 아이디어가 신제품이나 콘텐츠 개발로 이어져 특허나 저작권을 취득한다면 금상첨화다. 발명은 자신의 가치를 높이는 최고의 성과다.

첨단 기술이 발달하면서 자신만의 성과를 높이기 위한 도전은 선택의 영역에서 필수의 영역으로 넘어가고 있다. 그렇다면 우리는 무엇을 해야 할까? 먼저 도전할 용기를 내야 한다. 플랜비디자인의 최익성 대표는 《커리지》에서 "어른이 된다고 용기가 생기는 것은 아니며, 용기란 두려움을 느끼지 않는 것이 아니다"라고 말한다. 그는 어른의 용기란 두렵지만 해야 할 일을 하고, 가야 할 길을 가는 것이라고 주장한다.[2] 맞다. 굳게 마음먹어도 도전은 늘 두렵다. 그럼에도 성장을 위해 용기 내어 도전해보자.

성장에 필요한 도전 방법은 무엇이 있을까? 두 가지 방법을 소개하고자 한다.

첫째, 선제적으로 도전한다. 시키기 전에 먼저 손을 들면 많은 것을 이룰 수 있다. 자발적으로 도전하면 자연스럽게 업무에 몰입할 수 있으므로 성과가 향상된다. '괜히 사서 고생할 필요가 있을까?'라고 생각할 수 있지만, 도전을 통한 새로운 경험이 성장으로 연결된다는 사실을 안다면 단순한 고생이 아닌 성장 기회로 바라볼 수 있다. 또한 직장인의 일은 대부분 1년 주기로 반복된다. 그래서 달력이나 업무 일지를 활용해 작년에 무엇을 했는지를 확인하면 미리 준비할 수 있다. 전년도 업무 결과 보고 등을 통해 개선 사항을 파악하여 올해 실행 개선 방안을 준비하면 효과적이다.

둘째, 새로운 방법을 시도한다. 상황을 개선하기 위해 새로운 방법을 적용한다. 예를 들어 팀장에게 보고하는 행위가 부담스럽다면 새로운 보고 방법을 시도할 수 있다. 자신의 기존 보고 방법을 돌아보고 동료들의 행동을 관찰하면서 새로운 방법을 모색한다. 먼저 팀장의 관점에서 좋은 보고는 어떤 것일지 생각해본다. 보고의 1차 고객은 팀장이므로 역지사지할 필요가 있다. 다음으로 보고 형식이나 시간 등을 점검한다. 이전에 결론을 마지막에 보고했다면, 이번에는 결론을 먼저 말해본다. 또한 퇴근 직전에 하루 업무를 몰아서 보고했다면, 팀장이 점심 식사 후 에너지가 충전되었을 때 보고하는 방법도 고려할 수 있다. 다양한 방법을 시도하면서 팀장에게 통하는 효과적인 보고 방법을 찾을 수 있다. 다른 업무에도 이러한 방법을 적용하면 단기적으로는 시행착오를 겪을 수 있지만 장기적으로는 문제를 해결하고 개선하는 성과를 거둘 수 있다. 발명 단계로 성장하고 싶다면 이 책의 4장 '새로운 아이디어는 어떻게 탄생하는가' 편을 참고하면 도움이 될 것이다.

미래의 리더는
어떤 사람을 선호하는가

리더포비아의 시대

광고 회사에 근무하는 백 팀장은 어느 날 예상치 못하게 팀장이 되었다. 자기 일에는 자신 있었지만 리더 역할은 처음이어서 어려움을 겪었다. 하루는 일 잘하는 사람에게 과도하게 몰린 업무를 조정하기 위해 분배했는데, 그 업무를 받게 된 팀원이 불만을 표했다. 이처럼 업무와 역할에 대한 이견을 조율하기가 쉽지 않았다. 개성이 다양한 10명의 팀원과 개별 소통하며 계획 수립, 진도 점검, 성과 평가하는 과정도 순탄치 않았다. 팀장 3년 차가 된 이제는 역할에 어느 정도 익숙해졌지만, 돌이켜보면 쉽지 않은 시간이었다. 하지만 백 팀장은 리더 역할을 통해 많은 것을 배웠다고 말한다. 다양한 팀원과 함께 일하면서 일과 사람에 대한 시야가 넓어졌고, 부모의 마음으로 상대를 포용하는 능력도 생겼다고 한다. 끝으로 "인터넷에서 간단한 성격 유형 검사를 했는데, 팀원일 때는 '자유로운 연예인'이었지만 이제는 '사교적 외교관'으로 달라졌어요"라고 웃으며 말했다.

많은 직장인에게 리더는 부담스러운 자리다. 자기 일만 하기에도 만만치 않은데 부서원의 업무까지 챙겨야 하는 리더 역할은 젊은 세대에게 매력적이지 않다. 리더는 성과에 대한 책임과 압박을 받으며, 자신의 말과 행동이 동료에게 영향을 미치므로 늘 조심스럽다. 그래서 최근에는 리더를 맡지 않으려는 직장인이 늘었다. 리더 자리를 회피하는 '리더포비아leaderphobia' 현상이 국내에도 확산된 것이다. 백 팀장의 주변에도 이렇게 생각하는 동료가 많다고 한다. 리더가 되어 스트레스를 받고 워라밸을 포기하느니 팀원으로 머무는 가늘고 안정적인 길을 선호하는 것이다.

그런데도 백 팀장은 후배에게 리더를 맡아보길 권한다. 나도 같은 생각이다. 리더는 단순한 직책을 넘어 자신을 성장시키는 기회이기 때문이다. 리더 역할을 통해 배울 수 있는 것들 중 몇 가지를 살펴보자. 먼저 리더는 도전과 성취를 추구할 기회를 얻는다. 새로운 상황에서 팀을 이끌며 문제를 해결하고 목표를 달성하는 과정에서 성장할 수 있다. 다음으로 리더는 학습할 기회를 얻는다. 리더로 일하면 조직 운영 방식을 이해하고 전략적 사고를 키우며, 팀원과 소통하며 대인관계 역량을 향상할 수 있다. 마지막으로, 리더는 팀원에게 긍정적인 영향을 줄 기회를 얻는다. 팀원들의 성장과 성공을 도우면서 뿌듯함을 느낄 수 있다.

리더가 되면 좋은 점이 많음에도 부담되는 이유가 있다. '리더로서 실패하면 어떡하지'라는 걱정이다. 한 번도 맡아본 적 없는 리더 역할에는 실패 위험이 따른다. 그래도 리더 위치에 도전해보라고 권하고 싶다. 세상이 달라졌기 때문이다. 과거에는 리더 역할을 하다가 그 역할을 내려놓으면 직장을 떠나는 경우가 있었지만, 최근에는 다시 팀원으로 근무하는 분위기가 정착되고 있다. 그러니 너무 부담 갖지 말고 '리더'로 성상하는 기회에 도전하면 어떨까?

좋은 리더의 조건

"내가 왕이 될 상인가?"

영화 〈관상〉에서 수양대군이 강렬하게 등장한 후 관상가에게 하는 말이다. 영화 속 관상가는 사람을 척 보는 아는 능력을 지녔다. 이 영화를 다시 보면서 나는 이렇게 생각했다. '어떤 사람이 훌륭한 리더로 성장할지를 한눈에 알아보는 방법은 없을까?' 이런 능력이 있다면 직장인들은 더욱 즐겁게 일할 수 있을 것이다.

조직도 같은 문제를 고민한다. 조직의 성공과 성장에 리더의 역할이 중요하기 때문이다. 그런데 현실은 어떤가? 팀원으로서 좋은 평가를 받은 사람이 리더로 승진하는 경우가 많다. 과거의 뛰어난 성과에 대해 보상하는 동시에 '그동안 잘했으니까 앞으로도 잘할 거야'라는 미래의 기대를 담아 리더 역할을 부여한다. 그런데 뛰어났던 팀원이 팀장이 된 후 실패하는 모습을 종종 볼 수 있다. 스포츠에서도 같은 경우를 찾아볼 수 있다. 크게 성공한 운동선수가 코치나 감독이 되면 주위 사람들이 좋은 성과를 기대하지만 기대 이하의 결과를 내는 경우가 많다. 최고의 선수가 최고의 감독이 된다는 보장은 없다. 반대로, 선수로서는 성공하지 못했지만 감독으로는 성공을 거둔 경우도 많다. 선수와 감독의 역할과 특성이 다르기 때문이다.

학자들도 오래전부터 같은 고민을 해왔다. 리더십 연구 기관 CCL은 성공한 리더와 실패한 리더를 비교한 연구에서, 실패한 리더들이 기존에 성과를 냈던 방식을 고수하다 실패했다는 사실을 확인했다. 이를 통해 리더의 미래 성공 가능성을 예측하는 요소로 학습민첩성을 제시했다.[3] 후속 연구에 따르면 리더의 학습민첩성이 높은 조직은 성과가 좋았으며, 그 리더들은 조직에서 빨리 승진하며 인정과 보상을 받았다.[4] 그러므로 이 책의 핵심 주제인 학습민첩성을 키우면 훌륭한 리더로 성장할 가능성이 커진다.

인공지능 시대에 뛰어난 리더로 거듭나려면 학습민첩성의 특성 가운데 열린 사고에 관심을 둘 필요가 있다. 기술이 발전하면서 많은 조직이 변화와 혁신을 요구받고 있다. 조직을 혁신하기 위해서는 조직 구성원의 혁신을 격려하고 끌어낼 리더의 열린 사고가 더욱 중요하다. 리더가 열린 사고를 하지 않는다면 구성원들이 아이디어를 제시하지 않고 혁신 행동을 멈추기 때문이다. 이에 따라 구성원들의 다양한 의견을 존중하는 '포용적 리더십'이 주목받고 있다.

포용적 리더십은 구성원들의 다양한 의견을 경청하고 받아들여 의사 결정을 하는 등 포용적 행동을 실천하는 리더십이다.[5] 포용적 리더십을 발휘하면 구성원이 리더와 다른 의견을 솔직하게 말해도 불이익을 받지 않는다는 '심리적 안전감'이 형성된다. 심리적 안전감은 창의성과 혁신을 촉진하므로, 포용적 리더십은 혁신이 필요한 인공지능 시대에 잘 부합한다. 특히 젊은 구성원이 많은 조직에서는 포용적 리더십이 더욱 효과적이다.

포용적 리더십은 크게 개방성, 유용성, 접근용이성으로 구성된다.[6] 개방성은 리더가 구성원의 새로운 아이디어에 마음을 열고 듣고, 본인 생각과 다른 의견을 수용하는 행동이다. 개방성은 구성원들의 심리적 안전감을 형성하므로 의견을 솔직하게 말할 수 있는 환경이 조성된다. 유용성은 구성원이 리더가 유능하다고 생각하는 정도다. 구성원의 전문적 질문에도 답변할 수 있을 정도의 능력을 지닌 리더는 구성원에게 신뢰감을 준다. 접근용이성은 구성원이 리더와 편하게 소통할 수 있다고 인식하는 정도다. 리더와 심리적으로 편하게 이야기할 수 있기에 구성원은 두려움 없이 소통할 수 있다.

포용적 리더십은 열린 사고를 바탕으로 구성원들이 참여하도록 유도하여 서로 편안하게 소통하는 분위기를 조성한다. 어느 날 갑자기 리더로 선발되어 시행착오로 고생하기 전에 학습민첩성과 포용적 리더십을 준비하면 도움이 될 것이다. 준비된 리더는 동료를 행복하게 만든다.

다음에 나오는 포용적 리더십에 관한 질문을 참고하여 리더십 역량을 점검해보자. 당신은 좋은 리더가 될 상인가?

■ 포용적 리더십에 관한 질문

다음 문항이 당신의 생각과 일치하면 체크하세요.[7]

번호	문항	체크
1	리더는 새로운 아이디어를 열린 마음으로 듣는다.	
2	리더는 업무 프로세스를 개선하는 새로운 기회에 주의를 기울인다.	
3	리더는 원하는 목표와 이를 달성하기 위한 새로운 방법을 개방적으로 논의한다.	
4	리더는 문제 해결에 관해 상담할 수 있다.	
5	리더는 내가 필요할 때 쉽게 도움받을 수 있는 사람이다.	
6	리더는 내가 상담하고 싶은 전문적 질문에 잘 대답해준다.	
7	리더는 언제든지 나의 요청을 들어줄 준비가 되어 있다.	
8	리더는 새로운 문제가 발생했을 때 자신에게 말할 수 있도록 권장한다.	
9	리더는 문제가 발생했을 때 편하게 상의할 수 있는 사람이다.	

활용 방법
1. 기본: 문항대로 응답하면 당신의 리더가 포용적 리더십을 어느 정도 발휘하는지 알 수 있다(체크한 항목이 많을수록 포용적 리더십이 강하다).
2. 응용: 당신이 리더라고 가정한 후 팀원이 당신을 생각하며 응답한다고 생각하면 당신의 포용적 리더십을 유추할 수 있다.

적극적으로
자신을 세상에 알려라

또 다른 실력, 퍼스널 브랜딩

당신의 명함을 꺼내보라. 당신이 속한 조직과 부서명이 적혀 있고, 그 옆에는 당신 이름이 있을 것이다. 거기에서 조직과 부서명을 손으로 가리면 당신 이름만 보일 것이다. 이제 자신에게 질문해보자. '나의 가치는 어느 정도인가?' '내가 조직을 떠난다면 세상 사람들은 나의 가치를 어느 정도로 평가할까?' 특히 큰 조직에서 근무한다면 객관적으로 생각할 필요가 있다. 누구나 알 만한 직장에 다니면 관련 기관이나 주변에서 인정하고 대우해준다. 그런데 상대방이 무엇을 보고 친절하게 대하는 것일까? 대부분 개인이 아니라 조직을 보기 때문이다. 못 믿겠다면, 퇴직한 선배나 동료에게 물어보거나 퇴직자들의 이야기를 담은 유튜브 영상을 찾아보라.

류시화 시인은 "나무에 앉은 새는 가지가 부러질까 두려워하지 않는다/ 새는 나무가 아니라 자신의 날개를 믿기 때문이다"고 말한다.[8] 나무와 가지는 조직과 부서로, 새의 날개는 개인의 실력으로 비유할 수도 있다. 튼튼한 조직에서 근무하는 것도 중요하지만, 실력을 키우는 것이 더 중요하다. 조직을 떠나라는 말이 아니다. 조직에서 자신의 실력을 더욱 키우자는 것이다. 개인의 실력 향상은 조직의 성장에도 이바지하므로 조직에서도 환영한다.

최근 퍼스널 브랜딩에 대한 관심이 커지고 있다. 퍼스널 브랜딩은 개인의 고유 가치와 역량, 전문성을 강조하고 다른 사람들에게 전달하여 자신을 브랜드로 만드는 과정이다. 조직과 제품에만 적용되던 브랜딩을 개인에게도 적용한 것이다. 인스타그램, 유튜브, 블로그 등 SNS가 발달하면서 퍼스널 브랜딩하는 사람들을 쉽게 찾아볼 수 있다.

그러나 퍼스널 브랜딩에 모두가 우호적인 것은 아니다. 부정적으로 보는 사람들도 있다. 그들은 '직장인이 일만 잘하면 되지, 뭘 저렇게까지 하는지 이해가 안 된다'라고 생각한다. 나는 업무를 묵묵히 수행하는 성실한 동료들을 존중하고, 업무에는 소극적이면서 성과를 부풀리는 사람들을 싫어한다. 그런데도 퍼스널 브랜딩을 권장하는 이유는 조직에도 퍼스널 브랜딩이 유효하기 때문이다.

한 회사에서 신입 사원 1명을 채용하는데, 최종 면접 단계에 2명이 남았다. 경험과 역량은 비슷했다. 그런데 1명은 2년간 취업을 준비하는 과정을 블로그에 꾸준히 기록했다. 면접관들은 그 지원자에게 더 큰 관심을 가졌다. 승진 심사 때 대상자를 인터뷰하는 회사에서도 대상자였던 2명의 업무 평가는 비슷했다. 그런데 1명은 자신의 업무 성과를 포트폴리오로 정리하여 인상적으로 전달했고, 다른 1명은 그러지 못했다. 결국 포트폴리오를 준비한 사람이 승진했다.

직장에서 퍼스널 브랜딩을 잘하면 여러 가지로 좋다. 먼저 스스로 성장 기회를 얻는다. 브랜딩을 통해 자신의 전문성을 알리면 승진과 평가에서 긍정적인 결과를 얻을 가능성이 커진다. 이에 따라 프로젝트팀에 참여할 기회를 얻거나 새로운 업무를 경험하며 성장할 수 있다. 그리고 동료들에게 신뢰를 준다. 변화하는 환경 속에서 사람들은 믿을 만한 동료나 리더를 원한다. 이때 브랜딩을 통해 전문성과 도덕성을 강조하면 동료들로부터 신뢰를 얻고, 이를 통해 네트워크를 형성하고 새로운 협업 기회를 찾을 수 있다. 그동안 성실하게만 일하고 자신을 알리지 못했다면 이제 퍼스널 브랜딩으로 자신의 가치를 높여보자. 퍼스널 브랜딩도 실력이다.

평범한 사람의 퍼스널 브랜딩 전략

평범한 직장인이 자신의 가치를 높일 수 있는 퍼스널 브랜딩 전략은 무엇일까? 다음의 3단계를 소개한다.

1단계는 목표를 정하는 것이다. 자신을 브랜드로 만들려면 목표라는 방향성이 필요하다. '열심히 노력하면 뭐든 되겠지'라는 생각은 '아무 곳으로든 떠나면 목적지가 나오겠지'라는 것과 비슷하다. 위험한 생각이다. 목표를 정해도 브랜딩이 쉽지 않은데, 목표가 없다면 시작하나 마나다. 그렇다면 목표를 어떻게 설정해야 할까? 브랜딩의 대상은 자신이므로 가장 먼저 자신의 정체성과 가치를 명확히 인식하는 것이 중요하다.

이 책 앞부분에서 '나는 누구인지, 무엇을 좋아하고 잘하는지, 이 일을 왜 하는지'를 생각해보면 성장 방향을 그릴 수 있다고 말했다. 이 질문을 다시 생각해보자. 그래도 떠오르지 않는다면 시간을 갖고 차분하게 생각하면서 머릿속을 스치는 사소한 아이디어를 적어보자. 이때 생성형 인공지능에 질문하면 많은 아이디어를 얻을 수 있다. 특히 강점을 활용할 수 있는 목표를 정하면 좋다.

나도 이러한 과정을 거쳐 '인재가 성장하도록 돕는 전문가'라는 목표를 세웠다. 큰 부담을 느낄 필요는 없다. 환경이 변화무쌍하므로 상황에 따라 목표를 수정할 수 있기 때문이다.

2단계는 조직에서 인정받는 것이다. '우리 조직에서 이 분야는 당신이 최고야'라는 평가를 받을 정도로 실력을 쌓아야 한다. '나는 아직 그 정도 실력이 아닌데'라고 생각할 수 있다. 그래도 괜찮다. 처음부터 완성된 브랜드를 가진 사람은 없다. 목표를 향해 꾸준히 배우고 노력하는 자세가 중요하다. 조직에서 인정받기 위해서는 일단 부서에서 인정받아야 한다. 이를 위해 자신이 도움을 줄 수 있는 부서의 주요 과제에 참여하자.

부서에서 어느 정도 인정받았다면 조직으로 무대를 넓혀보자. 이를 위해서는 다양한 역할에 도전해볼 필요가 있다. 자신의 전문성을 바탕으로 다른 구성원들에게 지식과 기술을 전달하는 사내 강사로 활동하거나, 조직의 주요 프로젝트에 참여하며 사내 평가위원이나 컨설턴트로 활동할 수도 있다. 조직에서 요구하는 역할을 효과적으로 수행하면 자신의 가치는 자연스럽게 높아질 것이다. 물론 저절로 되는 것은 없다. 예를 들어 사내 강사로 활동한다면 역량을 높이기 위해 노력할 필요가 있다. 강의 자료를 잘 만드는 방법과 강의 내용을 효과적으로 전달하는 방법을 학습하고, 연습을 통해 강의 실력을 키워야 한다. 더 나아가 업무 현장에 적용할 수 있는 지식과 기술을 정리하여 내부 구성원들과 공유한다면 '최고의 강사'로 인정받을 것이다.

3단계는 외부와 소통하는 것이다. 조직에서 인정받았다면 더 넓은 세상과 소통하자. 먼저 오프라인에서 사람들과 만나보자. 나도 외부 전문가들을 만나면서 나 자신이 우물 안 개구리였다는 사실을 깨달았다. 그래서 다양한 분야의 전문가들과 만나며 새로운 지식과 통찰을 얻고 성장 방향을 모색했다. 앞으로도 그들과 적극적으로 만나 소통할 계획이다. 그다음 온라인으로 소통해보자. 나는 책을 읽으면 내용을 정리해서 SNS에 올린다. 책을 읽으면서 공감하거나 유익한 글을 보더라도 며칠 지나면 새하얗게 잊기 일쑤다. 그런데 소중한 글귀를 기록해두면 다시 보면서 업무에 적용할 아이디어를 얻고 다른 사람들과 정보를 나눌 수 있어서 좋다. 방법은 간단하다. 자신이 좋아하는 관심사를 기록하면 된다. 내용을 공개하기 부담스럽다면 실명을 밝히지 않으면 된다. 단, 내부 정보를 공개하거나, 수익 사업에 관한 조직 규정에 어긋나지 않는지 점검한다. 오프라인과 온라인을 통해 외부와 소통하면 '나만의 무기'를 찾을 수 있다. 기존 콘텐츠에 자신만의 경험과 특성을 녹여 남다른 콘텐츠로 가공하면 당신의 가치는 더욱 높아질 것이다.

7장

학습민첩성이 습관이 될 때

: 일상에서 지속할 수 있는 실천법

탑건
훈련의 비밀

실력은 시간보다 방법이다

1만 시간 동안 일하면 누구나 실력자가 될까? 만약 그렇다면 주 40시간 기준으로 5년 일하면 1만 시간을 넘으니, 5년 이상 근무한 사람들은 모두 실력자일 것이다. 하지만 현실은 그렇지 않다. 성장에서 중요한 것은 노력의 양보다 질이다. 어떤 방식으로 일했는가가 더 중요하다. 사람들은 보통 새로운 분야에서 일하기 시작하면 초기 2~3년 동안 열심히 배우며 빠르게 성장한다. 그 결과 일상적 업무를 처리하는 데 별문제가 없는 평균 수준의 실력을 갖춘다. 그런데 이후에는 열심히 하는데도 이전처럼 빠르게 성장하지 않는 성장 정체기에 들어선다.

전문성 연구의 대가인 스웨덴 심리학자 안데르스 에릭슨도 전문가의 상당수가 경력 초기에 요구되는 일정 수준까지는 쉽게 도달하지만 그 후에는 전문성이 발달하지 않는 문제가 있다고 지적했다.[1] 그래서인지 성장하려는 노력을 멈추고 평균 수준에 머무는 사람이 많다. 노력하지 않아도 일하는 데 그리 불편하지 않고 편하게 지낼 수 있기 때문이다.

그렇다고 모두가 평균 수준에 머물지는 않는다. 일부는 계속 성장하여 결국 최고 수준의 실력을 얻는다. 나는 당신이 지금보다 높은 수준의 실력을 원한다고 생각한다. 평균 수준에 머물고 싶었다면 이 책을 읽지 않았을 것이다. 사서 고생한다는 남들의 시선보다 자신의 성장을 소중하게 여기는 당신을 응원한다. 이왕 선택한 고생이라면 효과적인 방법으로 꾸준히 성장하면 좋겠다. 어떻게 실력을 키우면 좋을까?

에릭슨은 전문가 수준에 도달하기 위해서는 의도적인 연습deliberate practice이 필요하다고 주장한다.[2] 의도적인 연습은 구체적인 목표를 정하고 집중해서 실천한 후 피드백을 받아 수정하는 방법이다. 이전에 하던 방식을 열심히 반복한다고 실력이 저절로 향상하지 않는다. 뚜렷한 개선 목표를 두고 의도적인 연습을 지속해야 다음 단계로 도약할 수 있다.

에릭슨은 《1만 시간의 재발견Peak》에서 미군 조종사들의 사례를 소개한다.³ 1960년대 후반 베트남전쟁에 미국 해군과 공군의 전투기 조종사들이 참전했다. 3년 동안 미국 조종사들은 공중전에서 전투기 1대를 잃을 때마다 북베트남 전투기 2대를 격추했다. 그러나 1968년 초 5개월 동안 해군 조종사들은 전투기 10대를 잃는 동안 미그기 9대를 격추했다. 전투력이 떨어진 것이다. 해군 지도부는 특별 대책을 내놓았는데, 바로 영화로도 유명한 탑건Top Gun 학교 설립이다. 탑건 학교에서는 의도적인 연습과 비슷한 훈련 프로그램을 운영했다. 새로운 훈련 프로그램의 결과는 놀라웠다. 1970년부터 3년간 미 해군 조종사들은 전투기 1대를 잃을 때마다 미그기 12.5대를 격추했다. 그러나 같은 시기에 공군 조종사들은 이전 수준과 비슷하게 전투기 1대를 잃을 때마다 미그기 2대를 격추했다. 이후 미 공군도 탑건 훈련 방법을 도입했다. 이 훈련은 어떤 방법으로 진행되었기에 높은 성과를 얻을 수 있었을까?

영화 〈탑건〉이나 〈탑건: 매버릭〉을 봤다면 이해하기 쉬울 것이다. 당시 탑건에서는 영화 속 톰 크루즈 같은 해군 최고의 조종사를 교관으로 선발했다. 교관들은 적군 역할을 맡아 미그기와 비슷한 전투기를 조종하며 훈련생들과 대결했다. 전투기에는 미사일 대신 카메라를 장착해 훈련 상황을 기록했다. 영화와 비슷하게 실제 공중 훈련에서 교관들이 대부분 이겼다. 훈련생들이 본격적으로 학습하는 시간은 훈련 후 이어지는 '사후 보고' 시간이었다. 교관들은 훈련생들에게 공중 훈련 중에 왜 그런 결정을 했는지, 다른 방법은 없었는지 등을 질문하며 상황을 다시 생각하게 했다. 또한 교관들은 카메라와 레이더로 기록한 정보를 훈련생들에게 보여주며 앞으로 이런 상황에서는 어떻게 할 것인지를 논의하고 피드백했다. 훈련과 사후 보고가 계속되면서 훈련생들은 스스로 질문하고 학습하며 답을 찾는 방식에 익숙해졌다. 그 결과 훈련이 끝날 무렵에는 교관들과의 공중 훈련에서 향상한 기량을 선보였다. 탑건의 훈련 방식은 의도적인 연습과 비슷한데, 에릭슨이 제시한 의도적인 연습의 특징은 다음과 같다.

- 이미 효과적인 훈련 기법이 수립된 기술을 연마하는 방법이다.
- 개인의 안전지대를 벗어난 지점에서 진행되며, 배우는 사람은 자신의 현재 능력을 살짝 넘어서는 작업을 지속해서 시도한다.
- 명확하고 구체적인 목표를 가지고 진행한다.
- 신중하고 계획적이다.
- 피드백에 따라 행동을 수정한다.
- 지식이 마음에 저장되는 방식을 효과적으로 만들고 활용

한다.

- 기존 기술의 특정 부분을 집중적으로 개선하여 한층 발전시킨다.

탑건 학교의 훈련에는 전투기 조종이라는 훈련 기법이 수립되어 있었고, 훈련생은 자신보다 전투 능력이 뛰어난 교관과 공중전을 벌이며 자신의 능력을 넘어서는 훈련을 지속했다. 훈련에는 '적기 격추'라는 명확한 목표가 있었고, 생사를 결정하는 훈련인 만큼 신중하게 진행되었다. 교관의 피드백에 따라 훈련생은 행동을 수정했으며, 개선이 필요한 조종 기술에 집중했다. 탑건의 훈련 방식은 에릭슨이 주장한 의도적인 연습의 요소와 일치한다. 의도적인 연습의 특성을 활용한 훈련은 전투기 조종은 물론 의료, 스포츠, 음악 연주 등 다양한 분야에서 실력 향상으로 이어졌다. 그렇다면 우리 직장인들은 어떻게 적용할 수 있을까?

의도적인 연습이 중요하다

직장에서는 명확한 정답보다 상황 판단 능력이 중요한 경우가 많다. 탑건 파일럿들이 단 몇 초의 실전 상황을 대비해 수백 번의 시뮬레이션 훈련을 반복하듯, 직장인도 변화하는 환경에 효과적으로 대응할 수 있는 의도적인 연습이 필요하다. 이는 조직 속에서 성장하고 싶다면 익혀야 할 방법론이다.

의도적인 연습에서 핵심적인 방법은 어떤 것이 있을까? 다음의 세 가지 방법을 추천하고 싶다.

첫째, 구체적인 목표를 세운다. 개선하고 싶은 부분을 찾아 목표를 정한다. 예컨대 속도를 높여 시간을 단축하거나, 실수를 줄여 정확도를 높인다는 목표다. 평가 기준이 명확한 분야는 목표를 정하기가 어렵지 않다. 뚜렷한 목표가 좋다는 것은 아는데 좀처럼 떠오르지 않을 수도 있다. 구체적 목표가 없는 실천은 과녁 없는 허공에 활을 쏘는 것과 비슷해서 성장을 기대하기 어렵다. 영업실적, 생산량, 실시 건수, 불량률, 만족도 등 수치가 제시되지 않는 업무에서 더욱 그렇다. 이때는 고객을 생각하면 실마리를 찾는 데 도움이 된다. 소비자, 협력업체 등 외부 고객을 대하지 않는 부서에서 일한다면 부서장이나 동료 등 내부 고객의 관점에서 자신의 업무를 돌아볼 수 있다. 외부와 내부의 고객들이 실력자를 판단하는 기준은 무엇일까?

둘째, 피드백을 받아 수정한다. 탑건 교관 같은 해당 분야 전문가에게 피드백을 받으면 금상첨화지만, 주위의 과목별 선생님에게 피드백을 요청해도 충분히 도움이 된다. 주변의 스승은 당신의 상황과 수준을 누구보다 잘 알기에 맞춤형 피드백을 제공할 수 있다. 피드백을 받을 때는 마음을 열고 받아들여야 한다. 실력자가 정확하게 피드백해도 듣는 사람이 마음을 닫으면 무용지물이다. 피드백을 고맙게 여기고 귀를 기울이자. 또한 피드백 내용을 바탕으로 자신의 행동을 수정한다. 그리고 다음번 행동을 관찰하고 기록하여 실제로 수정되었는지를 확인한다. 이 과정을 반복한다면 당신의 실력은 조금씩 향상할 것이다.

셋째, 몰입해서 실천한다. 구체적인 목표를 정했다면 자신의 동작에 신경 쓰며 몰입한다. 몰입에는 에너지가 많이 소비되므로 오랫동안 지속하기 어렵다. 그래서 자신이 몰입할 수 있는 시간을 정해놓고 짧은 시간 동안 집중한다. 몰입하지 않는 10시간의 연습보다 온전히 몰입하는 1시간이 효과적이다. 실천했을 때의 결과나 느낌을 기록하면 더욱 좋다. 기록하면 개선점이 보이고, 기록이 축적되면 자신의 성장 추이를 분석할 수 있기 때문이다.

몰입이 차이를 만든다

함께 일해도 성과가 줄어드는 이유

많은 조직이 생산성을 향상하기 위해 고민한다. 무한정 인력을 늘릴 수 없는 상황에서 미래 변화에 효과적으로 대응하기 위해서는 조직 구성원이 역량을 최대한 발휘할 필요가 있다. 많은 조직에서 1+1이 2를 초과하는 시너지 효과를 기대하지만, 1+1이 2보다 적은 결과를 초래하기도 한다. 이는 집단에 참여하는 개인의 수가 증가할수록 개인의 성과 공헌도가 감소하는 '링겔만 효과'에서 잘 나타난다.

심리학자 막시밀리앙 링겔만Maximilien Ringelmann은 집단에 속한 개인의 공헌도를 측정하기 위해 줄다리기 실험을 했다. 1명이 당길 수 있는 힘의 크기를 100으로 보았을 때, 2명, 3명, 8명으로 이루어진 팀은 각각 200, 300, 800의 힘을 보여줄 것이다. 실험 결과는 예상과 달랐다. 2명으로 이루어진 팀은 기대치의 93퍼센트, 3명 팀은 85퍼센트, 그리고 8명 팀은 49퍼센트의 힘을 썼다. 인원이 많아질수록 최선을 다하지 않은 것이다. 역사 속 전쟁 상황을 보면 많은 병사를 보유한 군대가 상대적으로 적은 군대와의 전쟁에서 패하는 경우가 있다. 수적 우위를 과신한 군대의 군사들이 링겔만 효과로 전투력을 100퍼센트 발휘하지 않았기 때문이다.

직장에서도 비슷한 상황을 볼 수 있다. 소수 정예로 최고의 성과를 내는 팀이 있는가 하면 팀원이 많은데도 기대에 미치지 못하는 경우가 있다. 물론 개인의 역량 수준이 다를 수 있지만, 몰입 정도가 다르기 때문일 수도 있다. 일에 몰입하는 정도는 업무 성과에 영향을 준다. 많은 연구 결과를 보면 몰입도가 높은 직장인들은 높은 성과를 창출하고 자기 일에 만족하며, 이직 횟수와 결근율이 낮았다.

직장인에게 직무 몰입은 중요하다. 과거에는 개인이 속한 조직에 대한 몰입을 중시했으나, 최근에는 몰입 대상이 조직에서 직무로 옮겨가고 있다. 그렇다면 직무 몰입이란 무엇일까? 심리학자

윌마 사우펠리Wilmar Schaufeli와 동료 학자들은 직무 몰입을 "업무와 관련된 긍정적이고 충만한 마음 상태"라고 정의하고, 활력·헌신·몰두로 구성된다고 주장한다.[4] 활력은 높은 수준의 에너지와 정신적 회복탄력성을 말한다. 자기 일에 최선을 다하려는 의지, 어려움에도 불구하고 끈기를 보이는 특징도 포함된다. 헌신은 자기 일에 적극적으로 참여하고 의미, 열정, 영감, 자부심, 도전을 경험하는 것을 뜻한다. 몰두는 자기 일에 완전히 집중하고 행복하게 몰입하는 것을 말한다. 몰두하면 시간이 빨리 지나가고 일과 자신을 분리하기 어려워진다. 학자들은 직무 몰입이 순간적이고 특정한 상태가 아니라 지속적이고 광범위하게 나타나는 상태라고 설명한다.

그렇다면 우리 직장인들은 어느 정도 몰입하고 있을까? 여론 조사 기관 갤럽에서는 매년 전 세계 직장인들의 몰입 정도를 조사하여 발표한다. 2025년 보고서에 따르면 '몰입하고 있다'라고 응답한 대한민국 직장인은 전체의 14퍼센트로,[5] 세계 직장인의 평균 21퍼센트보다 낮았다. 직장인의 몰입 비율이 가장 높은 국가는 우즈베키스탄으로 45퍼센트였으며, 미국은 32퍼센트, 인도는 30퍼센트였다. 중요한 것은 우리나라 직장인의 대다수는 몰입하지 않은 상태로 일한다는 사실이다. 현재 수준의 몰입으로는 급변하는 환경에 능동적으로 대응하기 어렵다. 직장인의 몰입 저하는 조직 성과는 물론 개인의 성장에도 부정적인 영향을 준다.

몰입을 높이는 사소한 습관

직장인의 일은 생각의 깊이에 따라 두 가지로 나눌 수 있다. 금방 처리할 수 있는 일과 한참 동안 생각해야 하는 일이다. 오늘도 바쁘게 일했는데 돌이켜보면 금방 처리할 수 있는 일만 한 것 같다. 정작 크고 중요한 일은 건들지도 못한 채 하루를 보냈다. 생각할 시간이 부족했기 때문이다. 몰입이라는 단어를 생각하면 연구실이나 도서관에서 한 가지에 집중하는 모습이 떠오른다. 몰입하는 사람들이 부러우면서도 동시에 '일주일쯤 한적한 곳에 가면 충분히 생각하면서 좋은 아이디어를 떠올릴 수 있을 텐데'라는 바람이 떠오른다. 그러나 현실은 녹록하지 않다. 일주일은커녕 하루 8시간을 온전히 확보하기도 어렵다. 그렇다고 몰입을 포기할 수는 없다. 직장에서 적용할 수 있는 세 가지 몰입 향상법을 살펴보자.

첫째, 하나에 집중한다. 나도 한때는 여러 일을 동시에 처리하는 멀티태스킹을 멋지게 여겼다. 투자 전문가 게리 캘러 Gary Keller 는《원씽 The One Thing》에서 우리의 삶을 소모하는 멀티태스킹은 거짓 신화이자 허상이며, 한 가지 일에 더 깊게 집중할 때 더 크게 성공한다고 주장한다.[6] 두 가지 일을 동시에 할 수는 있지만, 그 모두에 온전히 집중할 수는 없다는 것이다. 몰입에도 의지력이 필요한데, 의지력은 한정된 에너지이므로 한곳에 집중할 때 최고의 효과를 거둘 수 있다. 직장에서도 하나의 업무에 집중하면 몰입도가 높아진다. 그러나 잦은 전화 통화, 메신저, 이메일, 회의와 보고 등 때문에 온전히 집중하기가 쉽지 않다. 개인적으로 집중하는 시간을 정해 일하는 것도 도움이 되지만, 팀 차원에서 논의해 함께 실천하면 효과적이다. 예를 들어 오전 9시부터 11시까지를 집중 시간으로 정하고 이 시간에는 회의와 보고를 하지 않기로 약속하면 방해받지 않는 2시간을 확보할 수 있다. 또한 이메일 확인이나 회신처럼 유사한 업무를 특정 시간에 몰아서 처리하면 업무 효율을 높일 수 있다.

둘째, 천천히 생각한다. 몰입 전문가 황농문 교수는 《몰입, 두 번째 이야기》에서 힘을 빼고 천천히 생각하는 '슬로 싱킹'을 제안했다.[7] 슬로 싱킹은 머리로는 무언가에 집중하면서 신체는 휴식을 취하는 방법으로, 오랜 시간 생각해도 지치지 않는다는 장점이 있다. 걷거나 화장실에 다녀올 때 힘을 빼고 천천히 생각하면 아이디어가 나온다. 출퇴근 시간이나 점심시간을 활용해 천천히 그리고 끈질기게 생각하면 문제 해결의 실마리를 찾을 수 있다. 나도 이 책을 쓰면서 슬로 싱킹을 활용했다. 책을 쓰다가 막히는 부분이 있으면 기억해두고 틈틈이 꾸준히 생각했다. 그러다 보면 어느 순간 아이디어가 떠올라서 글을 쓸 수 있었다. 이 방법은 마감 기한이 여유 있는 업무에 적절하다. 한 달 후에 처리할 일을 자투리 시간에 틈틈이 생각하면 기대 이상의 성과를 거둘 수 있다.

셋째, 몰입 환경을 만든다. 몰입하기 위해서는 자신의 몸과 마음, 그리고 근무 환경을 관리할 필요가 있다. 몸과 마음을 관리하기 위해서는 충분한 수면과 규칙적인 운동이 필요하다. 푹 자고 규칙적으로 운동하면 몰입에 필요한 의지력을 확보할 수 있다. 피로와 스트레스는 몰입도를 떨어뜨리므로 적절히 관리해야 한다. 다음으로 자신이 하는 일의 의미를 생각하면 좋다. 중요한 일이라고 생각하면 몰입도가 높아진다. 또한 매일 명확한 업무 목표를 세우면 몰입하는 데 도움이 된다. 목표가 없으면 몰입하기 어렵다. 마지막으로, 근무 환경을 관리한다. 조용하고 깔끔한 근무 환경에서 일하면 집중력이 올라간다. 일하는 현장이나 책상을 정리해서 몰입할 수 있는 환경을 만들어보자. 집중 업무 시간에는 스마트폰을 사용하지 않거나 무음으로 설정해두면 방해하는 요소를 줄일 수 있다. 또한 일을 시작하기 전에 주변을 정리하거나 차를 마시는 등의 고정된 습관을 만들면 몰입에 도움이 된다.

앞서 소개한 윌마 사우펠리와 동료 학자들의 논문에 나오는 직무 몰입 확인 설문을 체크해보자. 현재의 몰입 정도를 점검하고,

지금까지 소개한 몰입 향상 방법 가운데 자신에게 적합한 방법을 실천하면 직장에서 성과의 차이를 만들 수 있을 것이다.

■ **나의 직무 몰입은 어느 정도인가?**

다음 문항이 당신의 생각과 일치하면 체크하세요.

번호	문항	체크
1	나는 일할 때 에너지가 넘친다.	
2	나는 직장에서 강하고 활력이 넘친다.	
3	아침에 일어나면 회사에 가고 싶은 기분이 든다.	
4	나는 내 일에 열정적이다.	
5	내 일은 나에게 영감을 준다.	
6	나는 내가 하는 일이 자랑스럽다.	
7	나는 열심히 일할 때 행복감을 느낀다.	
8	나는 일에 깊이 몰두한다.	
9	나는 일할 때 신난다.	

채점 방법
1. 체크한 문항이 5개 이상이면 직무에 몰입한다고 볼 수 있다.
2. 참고로 직무 몰입의 구성 요소인 활력(1~3번 문항), 헌신(4~6번 문항), 몰두(7~9번 문항)를 고려하면 자신의 몰입 상태를 파악할 수 있다.

아는 것도
실천해야 의미가 있다

지식과 실천의 격차를 좁혀라

당신은 이 책을 읽고 나서 무엇을 할까? 아마도 다음 세 가지 행동을 할 것이라고 예상해본다. 첫째, 학습민첩성의 중요성을 인식한다. '인공지능 시대에는 학습민첩성이 높은 사람이 주목받겠구나'라고 생각한다. 둘째, 관심 있는 내용을 정리한다. 책을 읽다가 밑줄 친 내용을 블로그나 노트에 기록한다. 책의 내용을 자신의 지식으로 전환하는 행동이다. 기록하면 필요할 때 찾아보고, 기억에 남은 지식을 업무에 적용할 수 있다. 셋째, 학습민첩성을 높이기 위해 실천한다. 책의 내용 가운데 마음에 드는 행동을 선택하여 꾸준히 실천하면 성장할 수 있을 것이다. 물론 중요성을 인식하고 내용을 정리하는 행동도 훌륭하지만, 실천까지 한다면 금상첨화다.

우리는 지식의 홍수 속에 살고 있다. 유튜브 검색만 해도 각 분야 전문가들의 강의를 쉽게 볼 수 있다. 그래서인지 관심 분야를 찾아서 공부하는 사람이 늘었다. 운동이나 자기 계발 이야기를 들어보면 사람들은 전문가 수준으로 충분히 알고 있다. 문제는 실천이다. 운동 영상 100개를 봐도 실제로 운동하지 않으면 건강해지지 않고, 자기 계발서 100권을 읽어도 실천하지 않으면 변화로 연결되기 힘들다. 이러한 현상을 '지행격차 knowing-doing gap'라고 한다. 알고 있는 지식을 실천으로 옮기지 못하는 상황이다. 이 격차를 극복하지 못하면 성장과 성공을 달성하기 어렵다. 만약 지금까지 실천보다 지식에 초점을 맞추었다면 앞으로는 지식과 실천의 균형인 '노두밸 knowing-doing balance'에 신경 쓸 필요가 있다.

생각해보면 우리가 실천에 전혀 관심이 없었던 건 아니다. 특히 새해가 되면 새로운 목표를 세우고 도전했다. 하지만 대부분 작심삼일로 끝나 자책하곤 했다. 유튜브 등 SNS에는 실천에 성공한 사람들의 이야기가 넘쳐난다. 보디 프로필을 올린 사람들을 보면 나만 운동하지 않는 것 같고, 1년에 책을 100권 읽는 사람을 보면 나만 게으른 것 같다. 남들은 저렇게 잘해내는데 나만 못하고 있는 것 같아서 자존감이 낮아진다. 그런데 정말 나만 그런 걸까?

그렇지 않다. 미국의 한 연구에 의하면 결심한 행동을 끝까지 실천하는 비율은 8퍼센트에 불과하다.[8] 열에 아홉은 실패한다는 이야기다. 나만 그런 것은 아니니 작심삼일에 지나치게 속상해할 필요는 없다. SNS에 성공 사진을 올린 사람들은 소수에 불과하다. 그들과 비교하며 자존감을 떨어뜨릴 필요는 없다. 실천이 어렵다는 사실을 솔직하게 인정하고, 실천력을 높이는 방법을 찾는 것이 현명하다.

의지력을 관리하라

의지력을 단순히 '마음만 굳게 먹으면 생기는 추상적인 힘'으로 여기는 사람들이 있다. 그러나 실제로는 그렇지 않다. 여러 연구에 따르면 의지력은 추상적인 개념이 아니라 실제로 관찰하고 측정할 수 있는 에너지다.[9]

실천력을 높이려면 의지력이 꼭 필요하다. 무언가를 실천하려면 하기 싫은 마음과 유혹을 뿌리치고 꾸준히 행동해야 하는데, 이 과정에서 의지력이 핵심 역할을 한다. 의지력은 하고 싶은 행동을 계속할 수 있도록 돕고, 반대로 해서는 안 될 일을 참게 도와준다. 그런데 의지력은 무한하지 않다. 스마트폰 배터리처럼 사용할수록 점점 줄어들고, 결국에는 방전되어 아무것도 실천할 수 없는 상태가 된다. 그렇기에 의지력을 어떻게 관리하느냐가 매우 중요하다. 의지력을 효과적으로 관리하는 방법은 없을까? 다음 네 가지 방법에 주목해보자.

첫째, 하루 세끼를 잘 챙겨 먹는다. 학자들은 포도당glucose을 의지력의 연료로 꼽는다. 여러 연구에서 의지력이 필요한 과제를 수행한 사람들은 혈당이 떨어졌고, 포도당을 보충한 후에는 의지력이 충전되었다.[10] 방전을 막는 좋은 방법은 의지력을 제때 충전하는 것이다. 혈당을 일시적으로 높이는 정제 탄수화물과 설탕을 피하고, 의지력을 안정적으로 유지하는 데 도움이 되는 채소와 과일, 생선과 고기를 먹으면 좋다. 세끼 가운데 가장 중요한 식사는 아침 식사다. 잠자는 동안에도 쉬지 않고 활동한 뇌 등의 신체에 포도당을 공급하는 아침 식사를 거르면 포도당이 소진되어 의지력이 필요한 활동에 어려움을 겪을 수 있다.

둘째, 잠을 푹 잔다. 의지력을 관리하려면 뇌를 이해할 필요가 있다. 순간의 유혹을 잠시 미루고 목표를 향해 나아가는 의지력은 전두엽에서 나온다. 그런데 우리 뇌는 매일 혹사당하고 있다. 우리가 일어나서 잘 때까지 스마트폰을 끼고 살면서 뇌는 쉴 시간이 부족해졌다. 잠은 지친 뇌를 회복시키는 보약이다. 성인의 적정 수면 시간은 7~8시간인데, 적절한 수면은 뇌가 쉬도록 해주고 신체 건강에도 도움을 준다. 수면의학의 대가 찰스 체이슬러Charles Czeisler 교수는 깨어 있는 동안의 뇌는 차가 막히는 한낮의 대도시 도로와 같아서 쓰레기 트럭이 쓰레기를 효율적으로 치울 수 없다고 말한다.[11] 뇌 속 쓰레기를 치우기 위해서는 푹 자야 한다. 열심히 일한 뇌에 쉴 시간을 주자.

셋째, 유산소운동을 한다. 운동하면 의지력을 담당하는 전두엽을 포함한 뇌의 일부가 변한다. 신경과 명의인 나덕렬 교수는 이러한 변화를 뇌에 알통이 생긴다고 표현한다.[12] 운동하면 몸에 근육이 생기듯, 뇌에도 알통이 생긴다는 것이다. 전두엽에 알통이 생기면 의지력이 강해진다. 특히 걷기, 달리기, 자전거 타기 등의 유산소운동이 전두엽을 두껍게 만든다. 실제로 규칙적으로 운동하는 대학생들을 2개월간 관찰했더니 긍정적인 변화가 발견되었다.[13] 운동하기 전보다 건강한 식사를 했고, 공부 시간이 늘었으며, 지출 관리와 집안일도 꼼꼼하게 했다. 운동을 통해 의지력이 향상한 것이다. 그럼 어느 정도 운동해야 효과가 있을까? 일주일에 3회 이상, 1회에 40분 이상이 효과적이다. 평소 운동을 하지 않던 사람이 갑자기 많이 하면 몸에 무리가 갈 수 있으니 하루 10분 정도로 가볍게 시작해서 몸이 적응하면 조금씩 늘리는 것이 좋다.

넷째, 책을 읽는다. 최근에는 나도 영상을 많이 본다. 뇌의 관점에서 영상 시청은 수동적 활동이고 독서는 능동적 활동이다. 영상보다 책을 볼 때 전두엽이 훨씬 많이 사용된다. 우리는 온종일 스마트폰, 컴퓨터, 텔레비전 등의 영상에 노출되어 뇌가 수동적으로 변하기 쉬운 환경에 산다. 책을 읽으며 새로운 지식을 학습하고, 읽은 내용을 글로 정리하면 뇌를 자극할 수 있다. 특히 전두엽은 뇌의 다른 부위보다 민감하여 관리에 신경 써야 한다. 나이가 많아지면 뇌 전체의 6퍼센트가 위축되는데, 전두엽은 29퍼센트까지도 위축된다고 한다. 전두엽은 의지력과 직결되므로 더욱 세심하게 관리할 필요가 있다.

우리는 다양한 지식을 갖고 있지만, 아는 것만으로 미래를 대비하기는 부족하다. 지식은 실천으로 완성되므로, 지식과 실천의 균형을 맞춰야 한다. 실천에 필요한 의지력은 굳은 결심만으로 얻을 수 없다. 의지력은 좋은 습관으로 키울 수 있다. 의지력을 관리하는 방법을 살펴보면 대부분 어려서부터 많이 들어온 상식적인 내용이다. 잘 먹고, 잘 자고, 운동하고, 책 읽는 행동은 좋은 습관의 기본이다. 그렇다. 인생에 특별한 방법은 없다. 기본에 충실하면 의지력을 키울 수 있고, 의지력은 강력한 실천력으로 연결되는 선순환을 만든다. 실천에 필요한 의지력이 준비되었다면, 행동을 습관으로 만드는 방법을 살펴보자.

크게 생각하고 작게 시작하라

인생을 만드는 반복의 힘

고대 그리스의 철학자 아리스토텔레스는 "우리가 반복하는 행동이 곧 우리 자신이며, 탁월함이란 곧 습관이다"라고 말했다. 지금의 우리는 무수히 반복한 습관이 빚은 결과다. 운동과 식습관 등이 지금의 건강을 만들었고, 공부 습관이 현재의 실력으로 이어졌다. 세 살 버릇 여든까지 가듯, 현재의 습관은 우리의 미래를 만들 것이다. 결국 좋은 습관이 실력이다.

중요한 것은 원하는 습관을 어떻게 내 것으로 만드는가이다. 많은 사람이 굳은 결심으로 목표를 세우지만, 며칠도 못 가 흐지

부지 끝내는 모습을 자주 본다. 솔직히 말하면 나 역시 그랬다. 그러던 어느 순간, 스스로를 탓하는 대신 질문을 던졌다. '그렇다면 어떻게 해야 습관이 자리 잡을까?'

이 의문을 풀기 위해 나는 과학적으로 검증된 수백 편의 연구를 찾아 공부하고 실행하며 효과를 검증했다. 수많은 시행착오 끝에 습관을 만드는 효과적인 방법을 정리했고, 그 결과물을 앞서 소개한 《원 해빗》에 담았다.[14] 여기서는 오늘부터 바로 적용할 수 있는 세 가지 방법을 소개한다.

오답에서 찾은 정답

공부를 잘하는 학생은 오답 노트를 적극 활용한다. 틀린 문제를 분석하면 자신의 약점을 알고 다음 시험에서 그 부분을 대비할 수 있기 때문이다. 작심삼일로 끝났던 경험을 분석하면 미래의 성공 가능성을 높일 수 있다. 습관의 오답 노트를 작성하고 분석하여 다음 도전에 활용해보자. 우리는 어떤 상황에서 작심삼일을 반복했는가?

첫째, 많은 것에 도전할 때다. 예전의 나는 해마다 실천 목표를 5개씩 세웠다. 일주일에 3회 이상 운동하기, 일주일에 책 1권 읽기, 영어 등급 취득하기, 야식 먹지 않기 등등. 매년 힘차게 실천을 시작했지만 결과는 작심삼일이었다. 그리고 아무 일 없었다는 듯 잊고 지냈다. 5개의 목표를 한꺼번에 달성하겠다는 것은 사실 무모한 도전이었다. '주 3회 운동하기'만 해도 몇 년간 도전했지만 실패했다. 1개도 성공하기 어려운데 5개에 동시에 도전한 것이다.

여러 목표에 도전하기보다는 하나에 집중하는 것이 현명하다. 의지력은 한정된 에너지이므로 선택과 집중이 필요하다. 햇빛을 돋보기로 한곳에 모아야 불을 피울 수 있듯이, 의지력이라는 에너지를 하나에 모아야 실천 가능성이 커진다. 목표를 달성하는 최고의 방법은 목표를 하나만 정하는 것이다. 그런데 하고 싶은 것이 많으면 문제가 생긴다. 모두 하고 싶기에 하나만 고를 수가 없다. 이때는 어떻게 하면 좋을까?

일단 달성하고 싶은 목표를 모두 적는다. 5개도 좋고 10개도 좋다. 목표를 적고 나서 우선순위를 정한다. 중요도와 긴급도를 고려하여 정해도 좋고, '콜라 vs. 사이다'처럼 가상 대결을 통해 하나를 선택해도 괜찮다. 그렇게 정한 1순위 목표에 에너지를 집중한다. 첫 번째 습관이 정착되면 에너지를 2순위 습관으로 옮긴다. 습관은 한번 정착되면 별다른 노력 없이도 유지되므로 하나씩 정착시키면 여러 목표를 달성할 수 있다. 나도 이 방법을 통해

10개 이상의 습관을 내 것으로 만들 수 있었다.

작심삼일을 반복하는 두 번째 이유는 달성하기 어려운 목표를 세우기 때문이다. 습관 들이기는 자신을 설득하는 작업이다. 설득의 핵심은 부담되지 않게 작고 쉬운 것부터 시작하는 것이다. 작게 시작하고 싶은데 뭔가 마음에 걸린다. 목표는 클수록 좋은 것 같고, 가슴 설레는 대담한 목표를 갖고 싶다. 하지만 큰 목표는 달성하기 어렵다.

"크게 생각하고, 작게 시작하라think big, act small"는 말처럼 작고 쉽게 시작해야 성공 가능성이 크다. 작게 시작하려면 크고 막연한 목표를 손에 잡히도록 작게 만들어야 한다. 이때 유턴U-turn 공식을 활용하면 도움이 된다. 어려운 목표를 자신이 도전할 수 있는 수준으로 바꿔주는 유턴 공식은 3단계로 이뤄진다.

1단계는 분해다. 큰 목표를 작은 목표로 나눈다. 크고 어려운 목표에 바로 도전하기보다 목표를 작게 나누어 단계별로 실천하면 효과적이다. 1년에 책 50권을 읽겠다는 목표를 세웠다고 가정해보자. '틈틈이 읽으면 되겠지'라는 마음으로 막연하게 시작하면 성공은 물 건너간다. 이때 '1년에 50권'을 '1주에 1권'으로 나누면 막연했던 목표가 구체적으로 변한다. 여기서 멈추지 말고 더 잘게 쪼개보자. 1주에 1권을 읽으려면 1일에 50쪽 정도를 읽어야 하니 매일 1시간 이상을 읽어야 한다. '1년에 50권'보다 '1일

1시간 이상'이 피부에 와닿는다. 이 방법으로 실감 나는 계획을 세울 수 있다.

2단계는 질문이다. 질문을 통해 자신이 도전할 만한 목표인지를 점검한다. 습관 강의에 참여한 한 선생님이 '하루 1시간 독서'라는 목표를 세웠다. 나는 그 선생님께 물었다. "선생님, 오늘 저녁에 1시간 동안 책을 읽으시겠어요?" 선생님은 당황했다. "오늘부터요? 오늘은 피곤해서 힘들 것 같은데요." 자신에게 '오늘부터 할 수 있어?'라고 물었을 때 곧바로 '할 수 있다'라고 답하지 못한다면 부담된다는 뜻이다. 오늘 부담스러운 일이 내일이라고 갑자기 쉬워질 리 없다. 만약 목표가 부담스럽다면 자신에게 이렇게 질문해보자. '어느 정도면 부담 없이 할 수 있겠어?' 그리고 실천할 수 있는 목표로 조정한다. 작심삼일로 그치는 것보다는 조금씩 시작하는 것이 낫다. 예를 들어 하루 1시간이 부담스럽다면 하루 10분은 어떤가? 10분도 부담스럽다면 5분, 3분으로 줄여도 좋다. 그래야 부담 없이 실천을 이어갈 수 있다. 만일 하루 10분으로 정했다면 이제 3단계를 준비해보자.

3단계는 결합이다. 하루의 작은 실천을 더해서 큰 목표를 만드는 과정이다. 하루 10분이면 한 달에 약 1권, 1년에 12권 정도를 읽을 수 있다. 1년에 12권은 처음 목표였던 50권보다 적지만 실천 가능성이 높다. 50권을 목표로 시작했다가 중도 포기하는 것보다는 12권으로 시작해서 서서히 늘려가는 방법이 낫다. 매일 읽다 보면 속도가 점점 빨라지고, 재미있는 부분을 만나면 10분 이상 읽는 경우가 늘어나 목표를 초과 달성할 수 있다.

작심삼일을 반복하는 세 번째 이유는 꽃길만을 예상하기 때문이다. 누구나 꽃길을 원하지만, 살다 보면 가시밭길을 만나게 된다. 만날 수밖에 없는 가시밭길을 염두에 두지 않아서 목표 달성에 실패하기도 한다. 나는 '매일 만 보 걷기'라는 계획을 세우고 실천했는데, 곧 예상치 못한 가시밭길을 만났다. 갑자기 비가 쏟아지곤 해서 운동을 할 수 없었다. 이후로도 무더위와 추위, 미세먼지, 눈, 강풍 등 날씨는 물론 피로, 감기, 몸살, 야근, 저녁 약속, 스포츠 중계, 질병 유행을 만나 운동을 못 했다. 만 보 걷기에 가시밭길이 이렇게 많은지 몰랐다. 실천하지 못하는 자신이 한심스러웠다.

심리학자 가브리엘 외팅겐Gabriele Oettingen은 "장밋빛 미래만을 생각하는 긍정적 사고가 오히려 역효과를 낼 수 있다"고 주장했다. 긍정적인 상상을 하면 자신도 모르게 이미 목표를 달성했다는 망상에 빠져 노력하지 않게 된다는 이야기다.[15] 꿈꾸는 것은 좋지만, 꿈꾸기만 하고 현실의 어려움을 외면하면 실행에 도움이 되지 않는다. 꿈꾸는 동시에 현실적 장애 요소도 고려해야 목표 달성에 효과적이다. 외팅겐 교수는 심리학자이자 남편인 피터 골비처Peter

Gollwitzer와 함께 실천에 효과적인 방법인 '움WOOP'을 만들었다. 움은 소망wish, 결과outcome, 장애 요소obstacle, 계획plan의 머리글자를 딴 말이다. 움의 원리는 꽃길(소망, 결과)과 가시밭길(장애 요소)을 상상한 후 계획을 세우는 것이다. 공부, 시간 관리, 운동, 식습관, 금연 등 광범위한 습관에 이 원리가 효과적이라는 사실이 여러 연구를 통해 입증되었다.

'매일 10분 독서'라는 목표를 세우면서 움을 활용해보자. 먼저 소망은 매일 10분씩 책을 읽는 것이다. 다음으로 결과는 하루 10분이란 짧은 시간이지만 매일 읽다 보면 쌓이는 지식, 생각이 깊어져 얻게 되는 성찰과 성장이다. 그런데 장애 요소가 발생할 수 있다. 바빠서 시간이 부족하거나 피곤할 수 있다. 그러므로 장애 요소를 극복하기 위한 계획을 세워야 한다. '바빠서 시간이 없으면 출퇴근 시간에 지하철에서 책을 읽겠다' 또는 '너무 피곤하면 독서 대신 책 소개 영상을 보겠다'라는 계획을 세우면 가시밭길이 나타나도 당황하지 않고 실천할 수 있다.

움을 작성할 때는 장애 요소와 계획을 많이 적을수록 좋다. 연구에 따르면 그럴수록 성공 가능성이 커진다. 책 읽기를 움으로 계획한 내용을 정리하면 다음과 같다.

■ '책 읽기'에 대한 웁 예시

구분	내용
소망	매일 10분간 책 읽기
결과	지식 축적, 생각이 깊어짐, 성찰과 성장
장애 요소	1. 바빠서 시간이 없을 때 2. 너무 피곤할 때
계획	1. 바빠서 시간이 없으면 출퇴근 시간에 지하철에서 책을 읽겠다. 2. 너무 피곤하면 독서 대신 책 소개 영상을 보겠다.

공자는 《논어》에서 "타고나기는 다 엇비슷해서 별 차이가 없지만, 습관에 따라 차이가 크게 난다"라며 습관을 강조했다. 2,500년이 지난 지금도 습관의 효과는 유효하다.

작심삼일과 이별하고 싶다면 오답 노트를 활용해보자. 많은 목표에 도전하기보다 한 가지 목표에 집중하고, 달성하기 어려운 목표를 자신의 수준으로 조정하며, 가시밭길까지 고려해 계획을 세운다면 목표 달성에 한 걸음 가까워질 것이다.

나만의 성장 로드맵

펜을 드는 순간 변화가 시작된다

이론적 지식에 관한 내용은 이제 충분히 설명했다. 이제부터는 작은 변화를 만들고 꾸준히 실천할 수 있는 계획 수립 방법을 이야기하려 한다. 어떻게 변화를 이끌어낼 수 있는지 생각하고 펜을 들어 적어본다는 것은 귀찮은 일일 수도 있다. 번거롭지만 자신을 성장시키기 위해 지금 바로 펜을 들어보자. 그리고 자신만의 구체적인 성장 로드맵을 함께 만들어보자.

1단계: 목표 설정하기

목표를 설정하기 위해 '나의 이상적인 목표는 무엇인가?'라고 자신에게 질문해보자. 막연한 질문에 곧바로 답이 나오지 않을 수 있다. 하루하루 열심히 살다 보니 이런 질문을 생각할 시간이 없었을 수도 있다. 그러니 오늘 한번 생각해보자. 자신의 이상적인 목표를 그려보는 것이다. 10년 후 모습을 생각해도 좋고, 5년 후 모습도 좋다. 현재 하는 일의 전문성을 높이고 싶은지, 아니면 새로운 일을 하고 싶은지를 생각한다. 그리고 원하는 모습의 역량 수준은 10점 만점에서 몇 점 정도일지를 정한다.

다음에는 '나의 현재 상태는 어떤가?'라고 질문해보자. 지금의 모습을 점검하는 질문으로, 현재의 직업과 역량 수준을 적는다. 이를 통해 이상적인 목표와 현실의 차이를 파악할 수 있다. 차분하게 생각하고 다음 표에 적어보자.

■ **이상적인 목표와 현재 모습**

구분	이상적인 목표	현재 모습
직업		
역량 수준 (10점 만점)		

　이상적인 목표와 현재 모습을 적었다면 다음으로 '이상적인 목표를 달성하기 위한 방법은 무엇일까?'라고 질문해보자. 현실적인 실천 방법을 찾는 질문이다. 새로운 지식 습득, 경험에서 배우기, 자격증 또는 학위 취득, 네트워크를 통한 학습, 일의 의미 생각하기 등 다양할 것이다.

　그중 목표를 달성하기에 가장 적합한 것을 선택한다. 아이디어가 떠오르지 않으면 다른 사람의 조언을 듣거나 생성형 인공지능에 물어봐도 좋다. 관점을 바꾸어 생각하는 방법도 효과적이다. 예를 들어 '같은 고민을 하는 친한 후배가 있다면 어떤 방법을 추천하겠어요?'라는 질문을 자신에게 던지면 이전과 다른 관점에서 해법을 찾을 수 있다. 여기까지 실천했다면 마지막 질문을 해보자.

2단계: 습관 실천하기

마지막 질문은 '그 방법을 실천하기 위해 구체적으로 무엇을 하겠는가?'다. 결국, 구체적인 행동을 실천해야 성장할 수 있다. 그 행동을 습관으로 만들면 금상첨화다. 습관은 한번 형성되면 자동으로 실행된다. 자기 전에 양치하는 습관이 형성되면 밤에 자연스럽게 양치하는 것도 같은 이치다. 양치를 위해 알람을 맞출 필요가 없다. 따라서 원하는 행동을 습관으로 만들면 성장 목표를 달성할 수 있다.

참고로 이 책에 소개한 다양한 성장 방법 가운데 매일 실천할 수 있는 10가지를 소개한다. 당신의 목표 달성에 필요한 습관이 있는지 하나씩 살펴보자.

- 호기심을 갖고 관찰하기
- 새로운 지식 습득하기
- 모르는 것을 검색하거나 질문하기
- 경험을 기록하고 사후 검토하기
- 과목별 선생님을 찾아서 배우기
- 피드백을 요청하고 피드백에 따라 수정하기
- 체크리스트 사용하기

- 새로운 경험이나 방식에 도전하기
- 시간을 확보하여 한 가지에 몰입하기
- 의지력 관리하기(식사, 수면, 운동, 독서)

앞의 습관을 참고하여 가장 먼저 실천할 것을 정해보자. 목록에 없는 행동도 좋다. 여러 개를 동시에 하고 싶더라도 우선순위를 정해 하나만 선택한다. 그래야 성공 가능성이 높아진다. 2순위 습관은 1순위 습관이 정착한 다음에 실천해도 늦지 않다.

이제 선택한 습관을 실천하면 되는데, 다양한 장애 요소가 습관 형성을 방해한다. 앞에서 소개한 '웁'에서 실행한 것처럼 장애 요소를 예상하여 기록한다. 예상치 못한 장애 요소를 만나면 웁에 추가하면 된다. 다음 표를 통해 나만의 실천 습관을 작성해보자.

■ **나의 성장을 위한 실천 습관**

구분	내용
소망	
결과	
장애 요소	
계획	

새로운 습관을 들이는 데는 며칠이나 걸릴까? 영국 런던대학교의 연구에 따르면 습관이 정착되는 데 걸린 기간은 18일에서 254일로 연구 참여자마다 달랐다.[16] 구체적으로 살펴보면 참여자의 25퍼센트는 39일 안에 습관을 완성했고, 50퍼센트는 66일 만에 습관을 정착시켰다. 66일이 지나도 정착되지 않았다고 속상해할 필요는 없다. 연구 참여자의 50퍼센트는 습관을 정착시키는 데 67일에서 254일까지 걸렸다. 차분한 마음으로 될 때까지 하면 된다. 그럼 언제부터 하면 좋을까? 쇠도 달궈졌을 때 두드려야 한다. 자고 일어나면 열정이 식는다. 당장 오늘부터 새로운 습관을 하나씩 시작해보자.

에필로그

기회는 준비하는 사람에게 먼저 찾아온다

생성형 인공지능이 등장한 이후 인간의 일자리가 감소할 것이라고 예상하는 보고서가 줄을 이었다. 실제로 많은 글로벌 회사에서 감원 계획을 발표했고, 폴란드의 어느 주류 업체는 인공지능이 탑재된 휴머노이드 로봇을 최고경영자로 선임하기까지 했다. 얼마 전에는 한 회사에 전화했는데 인공지능 비서가 전화를 받아서 깜짝 놀란 적이 있다. 동네에 새로 생긴 국밥집에서는 서빙 로봇이 음식을 가져다준다. 이처럼 인공지능을 포함한 기술의 발전은 우리의 일상에도 영향을 미친다.

그렇다고 우리의 일자리가 당장 사라지는 것은 아니다. 기술이 빠르게 발전해도 기술 변화를 수용하는 제도와 시스템을 갖추기 위해서는 시간이 필요하다. 또한 사람들의 정서도 고려해야 한다. 고도로 발전한 인공지능을 갖춘 로봇이 있더라도 당장 자녀 교육이나 수술을 맡기는 사람은 많지 않을 것이다. 새로운 기술을 받아들이는 데는 시간이 걸린다. 그러나 변화는 지속될 것이고, 결국 우리의 일자리에도 영향을 줄 것이다.

이제 우리는 어떻게 해야 할까? 인공지능을 포함한 첨단 기술이 본격적으로 도입될 때까지 남은 시간 동안 학습민첩성을 갖춘 인재로 변화해야 한다. 환경이 변하면서 일부 일자리는 사라지겠지만, 동시에 새로운 일자리가 생길 것이다. 새로운 일자리에 적응하기 위해서는 직장인의 리스킬링re-skilling과 업스킬링up-skilling이 필요하다. 이러한 변화의 시기에 빛을 발하는 인재는 바로 학습민첩성으로 무장한 사람이다. 이들은 새로운 환경을 빠르게 이해하고, 경험을 통해 학습한 내용을 유연하게 적용하는 능력을 갖추었기 때문이다.

학습민첩성을 높이려면 무엇이 필요할까? 앞에서 이야기한 내용을 다시 한번 요점만 정리해보았다.

첫째, 자기를 인식한다. 자신의 성향과 강점을 이해하고 활용해 성장 방향을 모색해야 한다. 속도뿐만 아니라 방향성도 중요하다. 자신을 이해하고 변화의 흐름을 읽어내어 자신만의 방향성을 제시해야 한다.

둘째, 성장 의지가 있다. 경력을 지속적으로 성장시키겠다는 마음가짐으로 지식을 습득하고 다른 사람에게 배워야 한다. 이때 인공지능을 도구로 활용하면 효과적이다.

셋째, 개방적으로 사고한다. 과거의 지식과 고정관념을 비우고, 열린 마음으로 다양성을 수용한다. 질문하며 학습하고 입체적으로 사고하여 창의적인 아이디어를 만든다.

넷째, 경험에서 배운다. 일상의 경험을 성찰하며 자신의 지식으로 전환한다. 실수에서도 배울 점을 찾고, 상대에게 피드백을 구하며 성장한다.

다섯째, 변화에 도전한다. 익숙한 안락지대에서 벗어나 새로운 도전을 시도한다. 새로운 업무와 역할을 경험하며 자신의 가치를 한 단계 높인다.

학습민첩성이 높은 사람의 특징을 이해했다고 해도 실천하지 않으면 변화는 일어나지 않는다. 하지만 실천이야말로 가장 어려운 단계이기에 많은 사람이 여기서 멈춰서고 만다. 지속적으로 실천하는 가장 효과적인 방법은 실천 행동을 '습관'으로 만드는 것이다. 앞에서 작성한 '나만의 성장 로드맵'을 다시 떠올려보자. 그 목표를 바라보며 작은 실천을 꾸준한 습관으로 만들어가자. 습관을 완성한다면 미래는 하루하루 준비해온 당신의 것이 될 것이다.

주

프롤로그

1 국세청, 사업자현황 100대 생활업종 사업자통계, 2025.
2 교육부 국가평생교육진흥원, 《2023 평생교육백서》, 2024.
3 Bedford, C. L., *The role of learning agility in workplace performance and career advancement,* Published doctoral dissertation, University of Minnesota, 2011; Gravett, L. S.,&Caldwell, S. A., *Learning agility: The impact on recruitment and retention,* Palgrave Macmillan, 2016; 김남희, 〈조직구성원의 성장잠재력으로서 학습민첩성 영향요인 및 성과요인 규명〉, 이화여자대학교 대학원 박사학위 논문, 2019.

1장 왜 학습민첩성이 필요한가

1 두산백과 두피디아, 네이버 지식백과(https://terms.naver.com) 검색, 2025.
2 통계청, 2024년 5월 경제활동인구조사 고령층 부가조사 결과, 2024.
3 Lombardo, M. M.,&Eichinger, R. W., "High potentials as high learners", *Human Resource Management,* 39(4), 321-329, 2000.
4 McCall, M., "Identifying leadership potential in future international executives: Developing a concept", *Consulting Psychology Journal: Practice and Research,* 46(1), 49-63, 1994; McCall, M. W.,&Lombardo, M. M., "What makes a top executive?", *Psychology Today,* 17(2), 26-31, 1983.
5 Lombardo, M. M.,&Eichinger, R. W., "High potentials as high leaders", *Human Resource Management,* 39(4), 321-329, 2000.
6 CCL, "White paper: Learning about learning agility", 2014; 임창현, 위영은, 이효선, 〈학습민첩성Learning Agility 측정도구 개발 연구〉, HRD연구, 19(2), 81-108, 2017.
7 Vicki, S., "Learning agility: the "X" factor in identifying and developing future leaders", *Industrial and Commercial Training,* 45(3), 139-142, 2013; Korn Ferry, "The organisational X-factor: learning agility", 2017. https://focus.

kornferry.com/the-organisational-x-factor-learning-agility.

8   Dai, G., De Meuse, K. P.,&Tang, K. Y., "The role of learning agility in executive career success: the results of two field studies", *Journal of Managerial Issues*, 25(2), 108-131, 2013.

9   Korn Ferry, "Fast rising talent: Highly learning agile people get promoted at double speed", 2014. https://www.kornferry.com/content/dam/kornferry/docs/article-migration/KFI-Promotions-ProofPoint.pdf.

10 이진주, 박세현, 송지훈, 〈학습민첩성에 대한 메타분석〉, 기업교육과 인재연구, 23(1), 27-63, 2021.

11 신현지, 홍아정, 〈영업 사원의 학습민첩성이 지식공유를 매개로 영업성과에 미치는 영향〉, *Andragogy Today*, 25(2), 86-112, 2022.

12 이찬, "[이찬의 호모파덴스] 인공지능 시대에 필요한 7가지 핵심역량", 한국경제, 2023년 7월 9일. https://www.hankyung.com/opinion/article/2023070936201.

13 이찬, "[이찬의 호모파덴스] '大퇴사 시대' MZ 세대 접근법", 한국경제, 2021년 11월 22일. https://www.hankyung.com/opinion/article/2021112261661.

2장 나는 어떤 사람인가

1   Wrzesniewski, A., McCauley, C., Rozin, P.,&Schwartz, B., "Jobs, Careers, and Callings: People's realations to their work", *Journal of Research in Personality*, 31, 21-33, 1997.

2   Buehler et al., "Exploring the "planning fallacy": why people underestimate their task completion times", *Journal of Personality and Social Psychology*, 67(3), 366-381, 1994.

3   Kruger, J.,&Dunning, D., "Unskilled and unaware of it: How difficulties in recognizing one's own incompetence lead to inflated self-assessments",

Psychology, 1, 30-46, 2009.

4 임창현, 위영은, 이효선, 〈학습민첩성Learning Agility 측정도구 개발 연구〉, HRD연구, 19(2), 81-108, 2017.

5 Schein, E. H., "Career anchors revisited: Implications for career development in the 21st century", *Academy of Management Executive*, 10(4), 80-88, 1996.

6 오동주, 〈대학생을 위한 팀 기반 진로교육 앱 프로토타입 설계 – 커리어앵커를 중심으로〉, 부산대학교 대학원 박사학위 논문, 2017.

7 Scholer, A. A.,&Higgins, E. T., "Promotion and prevention systems", In Vohs, K. D.,&Baumeister, R. F.(Eds.), *The handbook of self-regulation*, pp.143-161, The Guilford Press, 2012.

8 Lockwood, P., Jordan, C. H.,&Kunda, Z., "Motivation by positive or negative role models: Regulatory focus determines who will best inspire us", *Journal of Personality and Social Psychology*, 83, 854 – 864, 2002.

9 존 맥스웰 저, 전형철 역,《존 맥스웰 리더의 조건》, 비즈니스북스, 2012.

10 Peterson, C.,&Seligman, M. E. P., *Character strength and virtues: A handbook and classification*, Oxford University Press, 2004.

3장 성장의 가능성을 찾을 수 있는가

1 캐롤 드웩 저, 김준수 역,《마인드셋》, 스몰빅라이프, 2017.

2 Dreyfus, H. L.,&Dreyfus, S. E., *Mind over machine: The power of human intuition and expertise in the era of the computer*, Free Press, 1986.

3 Inkson, K., "Images of career: Nine key metaphors", *Journal of Vocational Behavior*, 65, 96-111, 2004.

4 Ericsson, K. A., "An introduction to Cambridge handbook of expertise and expert performance: Its development, organization, and content", In Ericsson, K. A., Charness, N., Feltovich, P. J.,&Hoffman, R. R.(Eds.), *The Cambridge handbook of expertise and expert performance*, pp.3-19, Cambridge University

5 DeFillippi, R. J.,&Arthur, M. B., "The boundaryless career: A competency based perspective", *Journal of Organizational Behavior*, 15(4), 307-324, 1994.
6 이지영, 〈경력역량, 고용가능성, 적응수행, 조직몰입 간의 구조관계 분석〉, 중앙대학교 대학원 박사학위 논문, 2018.
7 김두얼, "[김두얼의 이코노믹스] AI에 패배한 바둑, AI 이용해 활로 찾았다", 중앙일보, 2023년 6월 13일. https://www.joongang.co.kr/article/25169420.

4장 창의적으로 문제를 해결할 수 있는가

1 새뮤얼 아브스만 저, 이창희 역, 《지식의 반감기》, 책읽는수요일, 2014.
2 앨빈 토플러, 하이디 토플러 저, 김중웅 역, 《앨빈 토플러 부의 미래》, 청림출판, 2022.
3 게리 해멀, C. K. 프라할라드 저, 김소희 역, 《시대를 앞서는 미래 경쟁 전략》, 21세기북스, 2011.
4 배리 오라일리 저, 박영준 역, 《언러닝》, 위즈덤하우스, 2023.
5 Huang, K., Yeomans, M., Brooks, A. W., Minson, J.,&Gino. F., "It doesn't hurt to ask: Question-asking increases liking", *Journal of Personality and Social Psychology*, 113(3), 430-452, 2017.
6 애덤 그랜트 저, 이경식 역, 《싱크 어게인》, 한국경제신문, 2021.
7 매슈 사이드 저, 문직섭 역, 《다이버시티 파워》, 위즈덤하우스, 2022.
8 전경원, 《창의학》, 학문사, 2004.
9 로버트 루트번스타인, 미셸 루트번스타인 저, 박종성 역, 《생각의 탄생》, 에코의서재, 2018.
10 토마스 웨델 웨델스보그 저, 박정은 역, 《리프레이밍》, 청림출판, 2022.

5장 경험을 통해 성찰할 수 있는가

1. Boud, D., Keogh, R.,&Walker, D., "Promoting reflection in learning: A model", In Edwards, R., Hanson, A.,&Raggatt, P.(Eds.), *Boundaries of adult learning*, pp.32-56, Routledge, 1996; Boud, D.,&Walker, D., "Barriers to reflection on experience", In Boud, D., Cohen, R.,&Walker, D.(Eds.), *Using experience for learning*, pp.73-86, The Society for Research into Higher Education & Open University Press, 1993.
2. Dewey, J., *Democracy and education*, Macmillan Co, 1916.
3. Salem-Schatz, S., Ordin, D.,&Mittman, B., "Guide to the after action review", Center for Evidence-based Management, 2010.
4. Mezirow, J., "Transformative learning: Theory to practice", *New Directions for Adult and Continuing Education*, 74, 5-12, 1997.
5. Peltier, J. W., Hay, A.,&Drago, W., "The reflective learning continuum: Reflecting on reflection", *Journal of Marketing Education*, 27(3), 250-263, 2005.
6. 피터 프로노보스트, 에릭 보어 저, 강병철 역, 《존스홉킨스도 위험한 병원이었다》, 청년의사, 2012.
7. 아툴 가완디 저, 박산호 역, 《체크! 체크리스트》, 21세기북스, 2010.

6장 나의 가치를 높일 수 있는가

1. Swanson, R. A.,&Holton, E. F., *Foundations of human resource development (3rd ed)*, Berrett-Koehler Publisher Inc., 2009.
2. 최익성, 《커리지》, 플랜비디자인, 2023.
3. Lombardo, M. M.,&Eichinger, R. W., "High potentials as high learners", *Human Resource Management*, 39(4), 321-329, 2000.
4. Dai, G., De Meuse, K. P.,&Tang, K. Y., "The role of learning agility in

executive career success: the results of two field studies", *Journal of Managerial Issues*, 25(2), 108-131, 2013.

5　Groysberg, B.,&Slind, M., "Leadership is a conversation", *Harvard Business Review*, 90(6), 76-84, 2012.

6　Carmeli, A., Reiter-Palmon, R.,&Ziv, E., "Inclusive leadership and employee involvement in creative tasks in the workplace: The mediating role of psychological safety", *Creativity Research Journal*, 22(3), 250-260, 2010.

7　위의 자료.

8　류시화,《새는 날아가면서 뒤돌아보지 않는다》, 더숲, 2017.

7장 학습민첩성이 습관이 될 때

1　Ericsson, K. A., "Enhancing the development of professional performance: Implications from the study of deliberate practice", In Ericsson, K. A.(Ed.), *Development of professional expertise: Toward measurement of expert performance and design of optimal learning environment*, pp.405-431, Cambridge University Press, 2009; Feltovich, P. J., Prietula, M. J.,&Ericsson, K. A., "Studies of expertise from psychological perspectives", In Ericsson, K. A., Charness, N., Feltovich, P. J.&Hoffman, R. R.(Eds.), *The Cambridge handbook of expertise and expert performance*, pp.41-67, Cambridge University Press, 2006.

2　Ericsson, K. A., Krampe, R. T.,&Tesch-Roemer, C., "The role of deliberate practice in the acquisition of expert performance", *Psychological Review*, 100(3), 363-406, 1993.

3　안데르스 에릭슨, 로버트 풀 저, 강혜정 역,《1만 시간의 재발견》, 비즈니스북스, 2016.

4　Schaufeli, W. B., Salanova, M., Gonzalez-Roma, V.,&Bakker, A. B., "The measurement of engagement and burnout: A two sample confirmatory factor analytic approach", *Journal of Happiness Studies*, 3(1), 71-92, 2002.

5　Gallup, "State of the Global Workplace: 2025 Report", 2025.

6　게리 켈러, 제이 파파산 저, 구세희 역,《원씽》, 비즈니스북스, 2013.

7 황농문,《몰입, 두 번째 이야기》, 알에이치코리아, 2011.
8 University of Scranton, "New Years Resolution Statistics", 2015. http://www.statisticbrain.com/new-years-resolution-statistics.
9 Hagger, M. S., Wood, C., Stiff, C.,&Chatzisarantis, N. L. D., "Ego depletion and the strength model of self-control: A meta-analysis", *Psychological Bulletin*, 136(4), 495-525, 2010.
10 Gailliot, M. T., Baumeister, R. F., DeWall, C. N., Maner, J. K., Plant, E. A., Tice, D. M et al., "Self-control relies on glucose as a limited energy source: Willpower is more than a metaphor", *Journal of Personality and Social Psychology*, 92(2), 325-336, 2007.
11 Czeisler, C., "Clearing your brain's cache", *Newsweek*, 2013년 10월 23일.
12 나덕렬,《뇌미인》, 위즈덤하우스, 2012.
13 Oaten, M.,&Cheng, K., "Longitudinal gains in self-regulation from regular physical exercise", *British Journal of Health Psychology*, 11, 717-733, 2006.
14 한상만,《원 해빗》, 미래의창, 2021.
15 Oettingen, G., "Future thought and behaviour change", *European Review of Social Psychology*, 23, 1-63, 2012.
16 Lally, P., Van Jaarsveld, C. H. M., Potts, H. W. W.,&Wardle, J., "How are habits formed: modelling habit formation in the real world", *European Journal of Social Psychology*, 40, 998-1009, 2010.

변화에 강한 사람들은 어떻게 살아남는가
패스트 러너

1판 1쇄 인쇄 2025년 10월 20일
1판 1쇄 발행 2025년 10월 29일

지은이 한상만
펴낸이 고병욱

기획편집실장 윤현주 **기획편집** 신민희
마케팅 황혜리 황예린 권묘정 이보슬
디자인 공희, 백은주 **제작** 김기창 **관리** 주동은 **총무** 노재경 송민진 서대원

펴낸곳 청림출판(주)
등록 제2023-000081호

본사 04799 서울시 성동구 아차산로17길 49 1010호 청림출판(주)
제2사옥 10881 경기도 파주시 회동길 173 청림아트스페이스
전화 02-546-4341 **팩스** 02-546-8053

홈페이지 www.chungrim.com **이메일** cr1@chungrim.com
인스타그램 @chungrimbooks **블로그** blog.naver.com/chungrimpub
페이스북 www.facebook.com/chungrimpub

ⓒ 한상만, 2025

ISBN 978-89-352-1494-5 03320

※ 이 책은 저작권법에 따라 보호를 받는 저작물이므로 무단 전재와 무단 복제를 금합니다.
※ 책값은 뒤표지에 있습니다. 잘못된 책은 구입하신 서점에서 바꾸어 드립니다.
※ 청림출판은 청림출판(주)의 경제경영 브랜드입니다.